Cómo salir del
CLUB DE LOS FRACASADOS

REGINA CARROT

Con prólogo de César Lozano

Cómo salir del
CLUB DE LOS FRACASADOS

Caer es el primer paso para lograr el éxito

Primera edición: mayo de 2020
Segunda impresión: julio de 2020

© 2020, Regina Carrot
© 2020, Penguin Random House Grupo Editorial USA, LLC.
8950 SW 74th Court, Suite 2010
Miami, FL 33156

Foto de cubierta: Gabriela Guajardo
Adaptación del diseño de cubierta de Gabriela Guajardo: Penguin Random House Grupo Editorial
Diseño de interiores: Ana Paula Dávila
Ilustraciones: Evgenii Matrosov/shutterstock.com, Serazetdinov/shutterstock.com

ISBN: 978-1-644731-86-4

Impreso en Estado Unidos / *Printed in USA*

Penguin
Random House
Grupo Editorial

Lo intentaste. Fracasaste. Da igual.
Prueba otra vez. Fracasa otra vez. Fracasa mejor.

Samuel Beckett

A mi esposo Rubén y a mi familia,
que siempre me han apoyado en todo.

Índice

Prólogo

Yo también fui un joven lleno de sueños. En el camino tropecé con gente que se burló de mí, menospreció mis aspiraciones y me dijo que no lograría mis propósitos. Pero, sobre todo, encontré personas que me apoyaron, me impulsaron y creyeron en todo lo que tenía para dar. ¿Hubiera podido ser médico sin el aliento que me brindaron mis amigos, mis profesores o mi madre? Tal vez sí, pero hubiese sido más difícil... y, también, más aburrido.

La verdad, nunca he dejado de soñar y aún encuentro personas que me alientan. Ahora tengo muy claro que, cuando uno es joven y está empezando a entender su misión de vida, ese apoyo es invaluable. Por eso, cuando Regina me propuso escribir el prólogo de su primer libro, no lo dudé ni un momento.

Invité a Regina a mi programa de radio internacional *Por el placer de vivir* y, de inmediato, conquistó a la audiencia con su personalidad encantadora y su carisma. Para ser un líder hay que tener un brillo especial y ella lo posee, pero su crecimiento profesional en el mundo de la motivación, de los emprendedores y conferencistas no se debe solo a eso. Su disciplina y constancia, así como su capacidad para aprender de todas las experiencias, la han llevado a ser una creadora muy auténtica, con miles de seguidores y capaz de influenciar la vida de muchas personas alrededor del mundo.

Sobre esa disciplina y sobre la importancia del fracaso (¡Sí, del fracaso! ¡Ese que tanto nos asusta y que, en realidad, es tan buen maestro!), hablan estas páginas. Aquí encontrarás no solo la historia de Regina, sino también reflexiones y consejos que te ayudarán a convertirte en el más experto de los luchadores y a dar la pelea por tus sueños porque, como si fuera poco, compara la vida con un *ring* de boxeo y te invita a ponerte los guantes.

Es extraordinario que alguien tan joven nos recuerde que la vida es mucho más, que triunfar no es cosa de un día ni ocurre por arte de magia y que cada triunfo, además, es único, como las huellas digitales. Lo que para otros es un logro, no necesariamente tiene que serlo para ti. Cada quien define y trabaja sus victorias. Para unos, es viajar por todo el mundo; para otros, tener una casa inmensa; para Regina, fue convertirse en una voz que le aporta algo al mundo. Antes de llegar ahí, cayó muchas veces y se levantó más fuerte aún: con eso nos demuestra que todo es posible. En este libro, te enseñará, por experiencia propia, ¡a caer bien y levantarte mejor!

Me alegra y me reconforta saber que hay nuevas generaciones que están tomando el consejo de quienes se preocupan por ayudar a otros a enfrentar la vida con una mejor actitud. Regina es una digna representante de esas personas generosas y alegres que te contagian su deseo de ser mejor cada día. Con sus conferencias y videos, está empoderando a las mujeres y hombres del hoy y del mañana. Para mí, es un honor presentarles el primer libro de esta paisana que realmente sabe lo que significa el éxito y cómo promoverlo en tu vida.

—CÉSAR LOZANO
Conferencista internacional, autor *bestseller*,
conductor de radio y televisión

Introducción

Querido lector:

Probablemente has llegado a este libro buscando ayuda porque la vida no es nada fácil. Créeme, lo sé. Reconozco que a veces está rodeada de negatividad, de situaciones que no podemos controlar y de miedos. Pero te puedo *asegurar* que, a pesar de todo lo malo, esta vida es una aventura extraordinaria que está rodeada de trucos, trampas, pasadizos y retos que irás descubriendo a medida que transcurre.

Imagínate que es como un juego de mesa donde te dan solo una oportunidad de vivir y con esa vida puedes lograr lo que tú quieras. Es cuestión de elegir a qué te quieres dedicar, en qué te vas a enfocar y desarrollar. Este juego está lleno de alianzas y no necesariamente el más inteligente será el más exitoso, sino el que sabe relacionarse, pensar de manera creativa y ser único para poder resaltar entre tanta gente.

Pero ¿qué crees? Esto no es un juego, es tu vida. Tienes el poder de vivirla al máximo y de realizar los sueños con los que has fantaseado una y otra vez. Lo único que tienes que hacer es dar el primer paso y tomar decisiones. Así que, si has decidido leer este libro, es porque eres una persona que no se va a rendir, que está dispuesta a darlo todo, a trabajar por lo que tanto quiere y a dejar una huella en este mundo tan complicado.

Estas páginas están basadas en las experiencias que he tenido y en cómo he afrontado los desafíos de cada ronda de asaltos que la vida me ha puesto delante. Aquí comparto contigo las grietas que llevo dentro de mí, tanto personales y amorosas como intelectuales y laborales. Deseo que mis vivencias logren despertar tu interés por seguir soñando y luchando para alcanzar todo lo que te propongas, aun cuando sea muy difícil creerlo.

Me he dado cuenta de que todos llevamos a un boxeador de la vida dentro de nosotros. Por eso hago esta comparación, para que logres descubrirlo dentro de ti y puedas fortalecerlo, ya que te ayudará a combatir y sobreponerte en los momentos más difíciles de tu vida.

Gracias por haber comprado este libro y por estar dispuesto a hacer un cambio en tu vida. Nunca es demasiado tarde para empezar y el mundo está listo para verte brillar porque eres único: no hay nadie igual a ti en esta vida. Así que sácale provecho al máximo y recuerda que cualquier duda o comentario siempre contarás conmigo en mis redes sociales.

Te encuentras a punto de subirte a un elevador que te dará un crecimiento acelerado. ¿Estás listo? Sentirás el viento azotar tu cara a mil por hora. Así que... ¡agárrate!

¡Te quiero, carrotino!

@ReginaCarrot

PRIMERA PARTE

Preparación

CAPÍTULO 1

Sobre la lona del ring

No lo sabes pero, ahora mismo, estás parado en un *ring* de boxeo. Sí, un *ring* de boxeo y quiero que lo visualices muy bien. Seguramente te estás preguntando: "¿Qué? ¿De qué hablas? Pero ¡si no soy boxeador!". Tranquilo, respira hondo. Inhala y exhala lentamente en cinco, cuatro, tres, dos…

Estás arriba del cuadrilátero porque eres un boxeador profesional y te estás preparando para enfrentar a tu mayor enemigo en este planeta. ¿De quién crees que hablo? Ese enemigo con el que te enfrentarás es nada más y nada menos que **tú mismo**, pero no la persona a la que estás acostumbrado y que ves todos los días en el espejo. No se trata de tu mejor versión, sino de la más negativa. Esa que siempre te está susurrando al oído que no puedes, que aún te falta mucho por lograr, que eres débil y que mejor te relajes y te tumbes en el sofá a ver la televisión. Llamémosle a este boxeador enemigo el **BOXEADOR X** y él pertenece al Club de los Merecedores, de los que creen que se lo merecen todo y que no es necesario trabajar para obtener grandes resultados.

El Boxeador X es alto, musculoso, tiene muy buenos reflejos y es experto en propinar **knockouts** o, en otras palabras, tirarte al piso, a la lona del *ring*. Por lo regular, gana todos los campeonatos a pesar de que no entrene mucho, porque está acostumbrado a lograr lo que se propone.

Lo que el Boxeador X no sabe es que está a punto de encontrarse cara a cara con el boxeador más peligroso del mundo. Y sí, es correcto, estoy hablando de ti, el púgil más preparado de la historia. A ti te llamaremos **BOXEADOR DE HIERRO.**

Yo sé que ahora mismo estás pensando que me he equivocado y que no eres el boxeador más peligroso del mundo. Pero estoy en lo correcto. El boxeador de hierro es toda aquella persona que tiene un sueño, un objetivo que al principio parece inalcanzable, pero que ha decidido enfrentar cara a cara. Para poder agarrar al toro por los cuernos, es necesario, primero, verlo de frente, ¿no crees? Mirarlo fijamente a los ojos y no perderle el rastro. Ser el boxeador de hierro no significa que nunca hayas fracasado, se refiere a que te has levantado a pesar de los golpes y caídas y no solo eso, sino que, aun así, sigues aquí: de pie y con la cabeza en alto. Como lo dice el nombre, estás hecho de hierro y no hay cosa con la que no puedas lidiar en tu camino.

Estoy segura de que eres una persona con un gran potencial y que estás por descubrirlo en este libro. No te preocupes, me tienes a mí. Soy la mejor entrenadora del momento: eso te lo puedo asegurar. He ganado grandes campeonatos gracias a una mentalidad positiva. Sigo siendo una boxeadora de la vida y no hay persona que me diga que no puedo lograrlo. Por eso pude llegar de *cero* a *un millón* de seguidores en YouTube en *un año*.

Te revelo mi secreto: todo está en la mente. Por eso yo relaciono toda batalla o reto que se me presenta con la práctica del box, ya que es una disciplina que te forja y te fortalece porque, aunque no lo creas, también es un deporte mental. Las personalidades más grandes de la historia siempre terminan ganando debido a la mentalidad indestructible que entrenan a lo largo de su vida. Y eso es lo que voy a hacer contigo. Te voy a poner a prueba porque quiero sacar lo mejor de ti, es decir, tu mejor versión.

Si estás leyendo este libro, es porque deseas hacer un compromiso contigo mismo y obtener lo mejor de ti. Voy a ayudarte con eso.

Conoce a tu boxeador de hierro

Las características de mi boxeador interno son:

★ Determinada
★ Luchadora
★ Fuerte
★ Resiliente
★ Persistente
★ Enfocada
★ Optimista

¿Y las del tuyo, cuáles son?

@reginacarrot

CAPÍTULO 2

Fracasar será tu boleto al éxito

Bienvenido al club de los que se sienten fracasados. ¿No me crees? ¿Piensas que no perteneces a este club? ¿Te parece un lugar horrible y consideras que el fracaso es lo peor que te ha pasado o podría pasarte? Dame la oportunidad de probarte que te equivocas y después me dirás si quieres pertenecer, o no, a este selecto grupo.

Nos han enseñado que fracasar es algo malo y que llegar al éxito no deja cicatrices, pero los fracasos indican que has vivido. Fracasar es una forma de aprender a no darse por vencido, de intentar hacer algo que va más allá de ti y que, con esfuerzo, dedicación y constancia, quizá lo consigas.

Te invito a conocer a algunos de los integrantes del club de los que se han sentido fracasados. Grandes personalidades de la historia nos enseñan que la teoría es correcta: fracaso tras fracaso es igual al éxito.

> No pudo hablar hasta los cuatro años y sus maestras decían que "nunca haría mucho": **ALBERT EINSTEIN** (Premio Nobel de Física, formuló la teoría de la relatividad)

Fue despedido del periódico donde trabajaba por "falta de imaginación" y por no tener "ideas originales":
WALT DISNEY (creador de Mickey Mouse y ganador de veintidós premios de la Academia)

La echaron de su puesto como conductora de noticias porque decían que no era apta para la televisión:
OPRAH WINFREY (conductora del programa *The Oprah Winfrey Show* y la mujer más influyente del mundo)

A los once años, lo sacaron de su equipo después de haber sido diagnosticado con una deficiencia de la hormona de crecimiento, una condición que lo hacía más pequeño que la mayoría de los niños de su edad:
LIONEL MESSI (seis veces ganador del Balón de Oro, que premia al mejor futbolista del año)

A los 30 años cayó en un estado de depresión al ser públicamente despedido por la empresa que él había creado:
STEVE JOBS (cofundador de Apple Inc. y Pixar Animation Studios)

Fueron rechazados por Decca Studios con el argumento: "No nos gusta su sonido, no tienen futuro en el mundo de la música":
LOS BEATLES (considerado el grupo musical más exitoso del mundo)

Te dije que te lo iba a demostrar. ¿Sigues dudando entre pertenecer o no a este grupo de "fracasados"? Piénsalo bien. Ten presente siempre que un fracasado es un ganador. Todos tenemos que fracasar en esta vida y no lo harás una vez, sino millones de veces. ¿Por qué? Porque el fracaso es el escalón para aprender y mejorar. Si no nos salieran las cosas mal, no aprenderíamos nunca.

Permíteme contarte una historia: Desde que yo era niña, tenía el sueño de subirme a un escenario y poder contar historias, ya sea a través del canto, el baile o la actuación. Sin embargo, era tan tímida que dudaba de mí misma todo el tiempo. Dudaba porque no poseía el físico más codiciado: era bajita, usaba lentes, tenía **uniceja** y las orejas un poco grandes. La verdad es que siempre tuve amigos; sin embargo, no era la más popular en la escuela. Como sacaba muy buenas calificaciones y estaba en el equipo representativo de básquetbol, mis compañeros siempre me escogían para formar parte de sus grupos.

Un día fui a hacer una audición para una obra de la escuela. Con todo y miedo, decidí lanzarme. Me pidieron que cantara y que recitara algunos párrafos. Mis amigos constantemente me decían que yo estaba preparada para ese papel y que tenía muchas probabilidades de obtenerlo. ¿Qué crees que sucedió? Pues el día de los resultados llegó y pusieron un papel afuera de la biblioteca central para anunciar quién ocuparía cada uno de los roles en la obra. Veía la lista una y otra vez y no encontraba mi nombre. Se me hacía raro porque mucha gente me había apoyado y asegurado que me iban a dar el papel. Finalmente, decidí ir a ver a la maestra de teatro. Me comentó que no me habían escogido para el protagónico, pero que entraría con un papel de extra en la obra, que era *El Mago de Oz*. Cuando la maestra dijo *extra*, se refería a ser un arbusto del bosque, gente de pueblo o ayudante dentro de la obra.

Aunque hoy en día es probable que nadie se acuerde de que yo estuve ahí, para mí fue importante porque fue la primera vez que me di cuenta de que, si trabajaba mucho por algo y me preparaba, tenía la posibilidad de lograr mis sueños. Aprendí que no hay papel que sea muy chico: tú puedes hacerlo tan grande como quieras y tu imaginación es el límite.

No obtener el papel protagónico de la obra pudiera verse como un pequeño fracaso, pero si te das cuenta, va mucho más allá de eso. Haber interpretado ese rol me ayudó a prepararme para el siguiente desafío, pues al año siguiente audicioné para la obra *José el Soñador* y obtuve el papel de una de las protagonistas: la narradora. Si nunca hubiera intentado audicionar, probablemente no estaría ni siquiera aquí escribiendo este libro.

Habrá días en que no te sentirás bien, el mundo se te vendrá encima y pensarás que no vales nada. Pero, ¿sabes? no tengas miedo a cometer errores: los errores son los que nos forman y nuestras cicatrices cuentan historias muy poderosas. Todos, en algún momento, nos hemos sentido fracasados. Todos somos humanos. Si no has fracasado, no has vivido. El fracaso es simplemente el primer paso para lograr el éxito, ¿recuerdas? Fracasa mil veces, pero *nunca* te des por vencido. Sigue fracasando y vas a tener éxito. Te lo prometo.

La próxima vez que dudes en hacer algo, acuérdate del club formado por aquellos que se sintieron en algún momento fracasados. Y si fracasas, *felicidades*. Eso solo significa que estás vivo y luchando por lo que quieres, y demuestra que te estás volviendo más fuerte.

Te pregunto una vez más: ¿Estás en el Club de los Fracasados? Piénsalo.

Bienvenido al club

A continuación, te quiero invitar formalmente a ser parte de este club. Lo hago con todo el amor y cariño del mundo porque sé que tienes todo para poder convertirte en un gran boxeador de hierro y de la vida. Este es el boleto de admisión que te permitirá avanzar a los próximos capítulos, solo tienes que atreverte a tomarlo.

@reginacarrot

Eres

PARTE

del

CLUB

de los

FRACASADOS

CAPÍTULO 3

Reglas claras, amistades largas

(PARA PODER EMPEZAR A LEER ESTE CAPÍTULO ES NECESARIO QUE YA HAYAS FIRMADO TU BOLETO DEL FRACASO).

¡**F**elicidades, Boxeador de Hierro! Estoy segura de que tomaste el boleto para pertenecer a este grupo tan codiciado: el Club de los Fracasados.

De esta sociedad se han graduado varios gigantes, pues no cualquiera puede soportar tantos golpes. Pero sé que tú eres diferente, estás hecho de hierro: eres único. Así que cualquier proyecto que tengas en mente, podrás llevarlo a cabo.

Entiendo que, al ser el Boxeador de Hierro, tengas muchas dudas sobre este club. Estoy consciente de que este no es el tipo de entrenamiento al que estás acostumbrado y que, probablemente, quieres salir a pegarle a la pera o al saco varias veces porque crees que eso será más productivo y te preparará mejor para tu combate estelar. Pero, verás cómo pertenecer a este club no solamente cambiará tu perspectiva, sino también tu vida.

Como en cualquier sociedad, antes de empezar, es necesario conocer las reglas para poder ser parte de la misma. Yo creo que contigo no tendremos problema, porque estoy segura de que eres una persona consecuente (con esto me refiero a que haces lo que dices).

1) **ROMPE LAS REGLAS.** La regla número uno es romper las reglas. Crea tus propias normas de acuerdo con el objetivo que quieres lograr. No temas *romper los esquemas* y no dejes que nadie te diga que no puedes hacerlo. Cuanto más te lo digan, más oportunidades tienes de demostrar lo contrario. El mundo está lleno de personas que no tuvieron la fortaleza para perseguir sus sueños, así que es más fácil para ellos decirte que no se puede: de esa manera justifican sus aspiraciones frustradas.Te cuento una anécdota personal.

Cuando abrí mi canal de YouTube, un amigo cercano me dijo que era muy difícil triunfar en esa plataforma, que ya había mucha gente compitiendo por lo mismo y que mi acento no iba a ser aceptado por la gente. Recibí el primer *knockout* cuando, a pesar de haber subido ochenta y nueve videos, ninguno tenía éxito. No entendía qué pasaba, estaba siguiendo todo al pie de la letra, pero no funcionaba. Pasaron seis meses y continué grabando hasta que, de pronto, luego del número noventa, hubo un cambio: mi video titulado "Cuando sientas miedo en tu vida, mira esto" se empezó a hacer viral. No lo podía creer. Me di cuenta de que algo estaba haciendo bien. Los videos que grababa hablaban de situaciones por las cuales todos pasamos en algún momento de nuestras vidas; el miedo, el rechazo, la felicidad, cómo sanar heridas, etc. Yo estaba escribiendo los guiones desde el fondo de mi corazón y eso se reflejaba en lo que hacía. En una entrevista que tuve hace unos meses, me preguntaron:

—Regina, ¿cómo le haces para entrar en personaje?

Y yo contesté:

—Es que justo es eso: yo jamás estoy en personaje. Así como me ves ahorita, así soy yo; la persona que ves en la pantalla es la misma que ves aquí.

La mayoría de las personas creen que tienen que inventar un personaje para poder ser exitosos. Lo que yo he aprendido y quiero que tú entiendas es que lo más importante de todo es que siempre seas tú mismo. El mundo ya tiene muchas copias. Ser único y auténtico es lo que te llevará lejos.

Me ha tocado conocer a personas y artistas que venden una idea de quienes son y, en persona, son lo opuesto. Cuando eso sucede, y resulta que era una persona que admirabas mucho, terminas con el corazón roto. Por eso, no te dejes llevar por lo que "es correcto" o "está de moda y por lo tanto tienes que utilizarlo". Sé tú mismo y poco a poco verás cómo irás tomando tu propio camino y brillando.

Si me hubiera dejado llevar por lo que "mi amigo" dijo, no estaría escribiendo este libro ni mi canal con videos motivacionales recibiría cuarenta millones de visitas de todas partes del mundo. Si te preguntas dónde se encuentra "mi amigo" hoy en día, te diré que está en un trabajo de escritorio que no le apasiona, y sigue pagando un préstamo al banco.

 ENTRENAMIENTO: no sigas las reglas creadas por personas cuadradas que quieren limitarte. Recuerda que nuestro mundo lo han construido gente como tú y yo. Y si los demás pudieron, tú también puedes lograr todo aquello que te propongas.

2) **INYÉCTALE PASIÓN.** ¿Qué deseas hacer y en quién te quieres convertir? Es importante que desarrolles una visión de aquello en lo que te quieres convertir que te haga feliz,

sin importar lo que digan los demás. Si estás buscando la aprobación de todos, nunca vas a estar satisfecho. Para ser exitoso, primero tienes que tener claro cómo te ves y luego desglosar los pasos para alcanzar tu meta. Tienes que prometerte a ti mismo que a todo le pondrás una dosis grande de pasión. A veces el talento no es lo único que te lleva al éxito, sino la pasión y dedicación.

Cuando comencé a grabar videos fui muy criticada por mi círculo social, pues la gente siempre va a criticar lo que desconoce. Dentro de los comentarios que empezaron a hacer, estaban: "¿Quién se cree que es?", "Está loca, nadie la va a ver", "Es una copia de fulanita", "¿Cantante? ¿Actriz? ¿Y ahora resulta que motivadora? Que se decida".

Este tipo de opiniones fueron la *gasolina* para seguir creyendo en mí y para continuar formando a la Regina Carrot que ahora conoces: entrenadora de grandes boxeadores de mentalidad exitosa. Las críticas me ayudaron a seguir puliéndome y a perfeccionar mi técnica. Muchas veces sentí que estaba perdida debido a los golpes que me daba la vida, pero aprendí que primero hay que perderse para luego poder encontrarse. Y fue ahí, en el momento en que me encontré y entendí mi propósito de vida, cuando todo comenzó a cambiar.

Aún recuerdo la primera conferencia que di en Querétaro, México, ante más de tres mil quinientas personas en un escenario enorme. Yo estaba muy nerviosa en el camerino antes de que comenzara mi conferencia. Temblaba no solo de los nervios, sino de la emoción. No podía creer que iba a presentarme por primera vez ante tantas personas y que les hablaría por más de una hora. Mi mamá me acompañaba en el camerino y me decía que no me preocupara, que ya me sabía lo que iba a decir y que todo estaría muy bien.

Ya habíamos hecho las pruebas de sonido, probado los micrófonos, mi presentación y el video que pongo antes de salir al escenario.

Resulta que cuando pusieron el video no se escuchaba el audio. Entonces, las tres mil quinientas personas se empezaron a reír. La gente en producción volvía a poner la grabación, pero, no lograban conseguir que se escuchara nada. Para mí era importante que saliera ese video porque es donde les enseño todas las facetas por las que he pasado, algo que resulta muy motivador. Después de varios intentos fallidos, el público empezó a aplaudir y a gritar:

—¡Regina, Regina, Regina!

De pronto, sentí que me empujaron por la espalda y me dijeron:

—Es hora, sal, que el video ya no va a funcionar.

Yo me estaba muriendo de los nervios, pero cuando salí al escenario comencé a sentir una paz total. El escenario es mi hogar, me ha visto crecer a lo largo de mi vida y me siento muy cómoda en él. Resultó que el hecho de que no hubiera funcionado el video hizo que las personas se prendieran más, tuvieran más ánimo y crearan más ambiente. Y a partir de ahí, el resto ha sido historia.

Lo que yo hice ante esa situación —y se pudo ver reflejado en el escenario— fue que le puse mucha pasión a mi conferencia, que se titulaba "Que tus sueños sean más grandes que tus miedos". No importó que no se viera la grabación y que, después de un rato, la presentación tampoco funcionara. El mensaje y la interpretación que le di me ayudaron a dar una plática exitosa.

Te puedo asegurar que las cosas jamás saldrán como las tienes planeadas. Así que si piensas que todo será perfecto cuando comiences, lamento decirte que no es así. Pero tienes que darle con todo y miedo, y eso es lo que te diferenciará del resto.

> **ENTRENAMIENTO: si te dedicas a lo que más te apasiona, jamás tendrás que trabajar: lo llamarás diversión. Constantemente te sentirás motivado a pasar al siguiente nivel y conocer la nueva versión de ti mismo.**

3) **NO TENGAS MIEDO A FRACASAR.** Debes tener la mentalidad de querer fracasar. Es cierto lo que estás escuchando: "Tienes que desear fracasar para poder ser exitoso". No puedes dejar que el miedo te paralice. Probablemente te sientas muy decepcionado la primera vez que te suceda, pero ¿qué crees?, después de la tercera vez que fracases en lo mismo, vas a aprenderte el patrón y ya no te paralizarás. Es más, sacando al boxeador de hierro que llevas dentro, podrás esquivar los golpes y pegar el gancho perfecto para ganar el torneo.

Hablando de los golpes de la vida, como te comentaba anteriormente, cuando comencé mi canal de YouTube, realicé ochentaynueve videos antes de que uno se volviera viral. Resulta que esos videos no reflejaban mi verdadera personalidad. Estaba tratando de ser alguien que no era. Hacía videos de tutoriales, para lo cual no soy nada buena, y daba consejos sobre asuntos irrelevantes. Un día decidí darle vida a todos los guiones de motivación que tenía guardados porque creía que nadie me escucharía. Así fue como, finalmente, comencé a hablar de los temas que más me gustaban y dejé de ser un *personaje*. Ese fue el momento en que todo empezó a cambiar.

A mis videos anteriores les había dedicado tanto tiempo y esfuerzo en la edición, guion y producción, que no entendía por qué no estaban funcionando. Es más, para ser un poquito más clara, en cada video yo invertía de siete a ocho horas. ¡Imagínate multiplicar esas horas por noventa videos! La cantidad de tiempo que le dedicaba era enorme, ya que yo sola hacía todo. Y te quiero aclarar algo: para cualquier negocio, sin importar su giro, tú tienes que saber hacer de todo. A medida que vayas creciendo, irás conformando tu equipo de apoyo, pero al principio tienes que saber hacerlo todo tú solo para que no hagas el ridículo y seas dueño de lo que haces.

En ese momento, los videos no generaban ingresos y no tenía dinero para poder pagarle a alguien que estuviera grabando y editando el material. Eso no me detenía porque, precisamente, yo siempre quise aprender a hacer ambas cosas, así que digamos que era mi trabajo perfecto. Y aunque tuviera que quedarme a altas horas de la noche, yo seguía porque me apasionaba mucho.

> **ENTRENAMIENTO:** si le tienes tanto miedo a la vida, probablemente no logres nada y te quedes en la tierra de los conformistas. Y ahí, lamento decirte, no crece nada.

4) **TRABAJA MÁS QUE NADIE.** Si quieres sobresalir, me atrevo a decirte que no existe ningún atajo. Tienes que dedicarle más horas que tu competencia para que marques la diferencia. Mientras tú duermes, tu competencia ya lleva horas trabajando en su proyecto. Tienes que madrugar, aprender a levantarte temprano para empezar antes y

recuperar el tiempo perdido.

Cuando hablo de trabajar más que nadie, también me refiero a pensar más que nadie. Lo que quiero decir es que no le pongas límites a tus ideas. Si piensas como todo el mundo, es muy probable que no obtengas los resultados que quieres. Cuando comiences a innovar, comenzarás a ver grandes cambios. ¿Por qué? Porque las personas no quieren ver una copia de los demás, sino que quieren encontrarse con algo original.

Te quiero contar que cuando era "nueva" en YouTube, y empecé a tener algo de éxito con los videos de motivación, me di cuenta de que para poder llegar a donde quería, tenía que trabajar el triple. No tenía dinero para pagarle a todo un equipo de producción, edición y postproducción; así que me puse *manos a la obra*. Aprendí a grabar, editar, y subir mis videos a Internet. Comencé definiendo una estructura y desarrollando una estrategia de contenidos. Empecé a aprender cosas que jamás en mi vida había visto, como el SEO (*search engine optimization*), que consiste en un conjunto de técnicas que permiten que tu contenido aparezca en los resultados de Google de forma orgánica o natural y se posicione tu video. Sí, debo recalcar que me ayudó mucho mi carrera de mercadotecnia más lo aprendido en mi trabajo los últimos cuatro años de mi vida, pues podía aplicarlos a mis videos: mi negocio.

Desarrollé un plan de mercadotecnia donde establecí, primero que nada, la frecuencia de los videos. Si el canal de YouTube es como un canal de televisión, entonces necesitaba anunciar qué días estaría subiendo el contenido nuevo para que lo supieran las personas que lo estaban esperando. Me di cuenta de que los martes y jueves eran los días que mejor funcionaban para mi audiencia, y comencé a comunicarlo en el resto de mis redes sociales.

Después, implementé un plan de distribución para no tener presencia solamente en YouTube, sino también en el resto de las plataformas. Por lo tanto, el mismo video que subía a YouTube lo editaba para los formatos de Facebook e Instagram. Todo tiene un porqué y no puedes subirlo manteniendo los mismos parámetros para todas las redes porque, si no, no tiene un gran impacto. Esto lo fui aprendiendo sobre la marcha.

Lo más difícil fue tomar la decisión de hacer dos videos a la semana. Cada video implicaba alrededor de ocho a diez horas de trabajo, pero me di cuenta de que, si quería crecer mi canal y llegar al millón de suscriptores en un año, tendría que hacerlo. Me comprometí con eso y empecé a trabajar el triple. Y cuando digo el triple, más bien me refiero en realidad a cinco veces más. Esto me ayudó a ser más eficiente en el momento de grabar y editar, y me hice toda una experta en producción.

Ahora ya tengo a una persona que me apoya con la edición de algunos videos, a hacer diseños y a agregar subtítulos. Es importante que, si quieres crecer, te rodees de personas que te aporten y que crean en tu sueño porque lo importante es tener un equipo que siempre te sume en lugar de restarte. Encontrar al equipo perfecto puede ser todo un reto y habrá muchos cambios, pero cuando encuentres a las personas adecuadas para tu proyecto, las vas a amar.

Después de unos meses, comencé a ver los frutos. Resulta que mientras otros dormían, yo trabajaba. Me di cuenta de que levantarme a las cinco de la mañana me daba más energía y más beneficios de los que yo creía.

Mi horario

5:45 A. M. →	Levantarme.
6:00 A. M. →	Bañarme.
6:30 A. M. →	Desayunar.
8:00 A. M. →	Programa de radio.
10:00 A. M. →	Hacer ejercicio.
12:00 P. M. →	Escribir guiones.
2:00 P. M. →	Comer.
3:00 P. M. →	Programar la semana.
6:00 P. M. →	Grabar videos.
8:00 P. M. →	Contestar correos. y mandar cotizaciones.
9:00 P. M. →	Cenar en familia.
10:30 P. M. →	Dormir.

Este es un ejemplo de un *día normal* para mí, aunque lo más importante no es cuántas horas trabajas, sino lo eficiente que eres mientras trabajas,

@reginacarrot

CAPÍTULO 4

Escucha tus corazonadas

¿**A**lguna vez te ha sucedido que tienes el presentimiento o *corazonada* de que algo no está bien en una situación? Sientes que no lo puedes explicar, solo sabes que no deberías ser parte de ese proyecto. Por lo regular, como seres humanos, actuamos basándonos en criterios racionales que nos permiten evaluar las ventajas y desventajas de una situación. Por otro lado, están las corazonadas, que vienen de nuestra intuición. Es importante que cada vez que tengas una la escuches porque, generalmente, tendrás la razón. Si eres de las personas que escuchan sus corazonadas te felicito, porque no cualquiera es tan osado para seguirlas. Eso implica valentía y fuerza interior.

Cuando arranqué sin éxito con mi canal de YouTube, siempre tuve la corazonada de que con el tiempo funcionaría. Era algo que en ese momento no podía explicar, pero estaba segura de que si persistía, iba a poder mostrarle al mundo lo bello que es soñar. Apliqué exactamente todo lo que expliqué en el capítulo anterior, donde hablo de la importancia de seguir a pesar del rechazo. Esa corazonada me ha impulsado también a escribir este libro y, de esta manera, estar más cerca de todos ustedes.

Mi madre siempre me ha dicho que cuando tenga dudas y no sepa qué hacer debo escuchar mis corazonadas, ya que estas siempre tienen un motivo. ¿Te has encontrado alguna vez en una situación donde has pensado demasiado las cosas y, al final, terminaste escuchando y haciéndole caso a una de tus corazonadas? Es algo que no se puede explicar, pero que hace que tu intuición tenga la razón.

Bueno, te platico algo más de mi historia. A lo largo de mi vida ha habido siempre un denominador común que se ha hecho patente en cada una de mis decisiones: desde participar en la banda en secundaria, donde escogí la percusión porque era lo que realmente me apasionaba, hasta contar historias, ya de adulta, y hacerlas llegar al mundo a través del canto o la actuación. Estar siempre tan conectada con mis sentimientos y emociones me ha convertido en una persona apasionada, y no solamente de mis sueños o de mi trabajo, sino también en el amor. Por eso, cuando tenía dieciocho años tuve una relación amorosa. Arturo (llamémosle Arturo para no revelar su nombre verdadero) era alto, guapo y me trataba muy bien. Era el hombre de mis sueños porque además de ser caballeroso también era detallista. Si nos encontrábamos para ir por un helado en la tarde y platicar, me llevaba una flor, una cartita o algo para que yo supiera que estaba pensando en mí. Obviamente, yo caí rendida a sus pies por el trato que me daba y porque para mí lo más importante son los detalles. Después de un tiempo terminó siendo mi novio, a pesar de que las "malas lenguas" decían que él tenía un "ojo alegre": en otras palabras, que siempre había sido conocido por escribirle a más mujeres aunque estuviera de novio con alguien. Yo dejé pasar los chismes y decidí andar con él. Después de un año de novios, comencé a sospechar que él no quería que yo viera su celular. ¿Qué estaba escondiendo?

Arturo era el típico galán que tenía su grupo de mejores amigas y yo debía "entenderlo". No me importaba, pues siempre me había dado mi lugar y lo respetaba. Pero después de un tiempo, cuando su actitud hacia mí cambió y se la pasaba enojado o frustrado conmigo, un día decidí tomar su celular y ver sus mensajes. Descubrí que les mandaba mensajes a mujeres que no eran sus mejores amigas, y les decía que quería verlas y que le encantaba estar con ellas. Sentí como si el mundo se me viniera encima, pero decidí confrontarlo y preguntarle. Lo negó todo, pero tuve la corazonada de que él *no* iba a cambiar, así que decidí terminar la relación.

Tengo que confesar que en ese momento no estaba segura de estar tomando la mejor decisión, pero al pasar los años, he comprobado que mi intuición y mis corazonadas eran correctas. Él nunca cambió y en cada una de sus relaciones siguió haciendo lo mismo. Es más, después de unos años, me llegaron a decir que él había estado con una amiga mía. Claro que para ese entonces a mí ya no me importaba, pero definitivamente me sentí feliz de saber que hice lo correcto.

Te cuento esta anécdota porque fue un acontecimiento en mi vida que me afectó mucho. Erróneamente, en ese entonces, yo era de las personas que si estaba bien en el amor pensaba que todo estaba bien en mi vida, y por eso dejaba que me afectara tanto. Quiero que esta historia les sirva de ejemplo para que, cuando se encuentren en uno de esos momentos claves en su vida, en los que no van a estar seguros de qué hacer, recuerden escuchar a su corazón porque eso es lo único que los va a llevar lejos.

A través de mis redes sociales, me han llegado mensajes de personas que me piden consejos para superar una decepción amorosa. Sucede lo mismo en estos casos. Desde el principio uno tiene una corazonada, ya sea buena o mala. A veces tu corazón no escucha a tu mente y te aferras a una relación que no solo tú sabes que no va a funcionar, sino que el resto de tus amigos también te lo están diciendo. A pesar de que estés muy enamorado o enamorada de esa persona, si tu instinto te dice que hay algo que no te gusta y que nunca va a funcionar, escúchalo. Rara vez se equivoca y, por lo común, esa intuición quiere lo mejor para ti. Por eso te recomiendo que sigas tus instintos; por lo general, están en lo correcto y la tasa de error es mínima. Todos hemos experimentado alguna vez esa sensación de que debimos haber tomado ese trabajo, rechazado aquella relación o no haber confiado en cierta persona. La intuición es una alarma que nos advierte y protege, y termina siendo un filtro que ayuda a detectar oportunidades de manera rápida.

La vida es demasiado corta como para no explotar nuestros talentos. Tienes la oportunidad de convertirte en una persona legendaria.

Albert Einstein siempre decía: "La mente intuitiva es un regalo sagrado y la mente racional es un fiel sirviente. Hemos creado una sociedad que rinde honores al sirviente y ha olvidado al regalo". Muchas personas creen que la ciencia es más importante y que no deben escuchar sus corazonadas. Pero lo que yo te puedo decir es que ese *no sé qué* que sentimos es nuestro sexto sentido. Es algo con lo que todos nos podemos identificar porque, desde los inicios de la humanidad, ha servido para presentir situaciones de alto riesgo.

Hoy en día, muchas instituciones y universidades se han dedicado a estudiar la intuición en todo tipo de situaciones, desde laborales hasta creativas. Steve Jobs, fundador de Apple, fue uno de los grandes promotores de este concepto. Él decía que, aunque la gente hable y critique, no dejes que el ruido de las voces de los demás apague tu voz. Escucha tu intuición porque, de algún modo, ya sabe quién quieres llegar a ser.

Y por si aún lo dudas, te dejo las siguiente cinco razones por las cuales debes de escuchar esas corazonadas:

⭐ Es una alarma que te advierte y protege.
⭐ Ayuda a generar equilibrio.
⭐ Mejora nuestra salud y balancea nuestro sistema.
⭐ Integra las funciones de ambas partes del cerebro.
⭐ Nos permite descubrir verdades que aún no habíamos descubierto.

Conecta con tu intuición

Estás todos los días exponiéndote en el ring. Entrenando, pegándole duro al saco y a la pera para ganar más fuerza y que no te tumben allá afuera, en ese lugar llamado vida. Yo sé que estás sudando y te estás forjando. Pero recuerda que parte de ser un gran boxeador de la vida depende de que sepas escuchar tu corazón. Tienes que estar conectado para poder tomar las decisiones correctas. Estoy segura de que lograrás alcanzar cualquiera que sea tu meta.

@reginacarrot

Los fracasos te hacen más fuerte

CAPÍTULO 5

Agradece el rechazo

migo lector, te voy a ser muy honesta: el mejor rega-lo que alguien te puede dar es el rechazo. Y lo llamo *regalo* porque tienes que perderle el miedo. Cuan-to más lo enfrentes, más irás aprendiendo que el rechazo te hace cada vez más fuerte. Las personas que no están acostumbradas a esto sufren mucho y se frenan. Lo que yo quiero es ayudarte a tomar cada NO en tu vida como una oportunidad.

Cuando estás creando algo nuevo, la mayoría de las per-sonas van a pensar que estás loco porque nunca antes se ha hecho. La gente rechaza lo que desconoce debido a pre-juicios que tienen. Aunque los demás no entiendan tienes que seguir porque, si tú crees desde el fondo de tu corazón que tu proyecto va a funcionar, entonces a la larga sucederá.

Llevo más de quince años en el mundo de la comu-nicación y el común denominador que siempre se me ha presentado ha sido el rechazo. En muchas ocasiones, me encontré expuesta a los juicios de personas ajenas cuando iba a las audiciones para participar en sesiones de mode-laje o para obtener papeles en obras de teatro o televisión. Me di cuenta también de que las personas que hacían los *castings* siempre estaban buscando un perfil especí-fico. Ese perfil no siempre encajaba con lo que yo podía ofrecer.

Esos tiempos estuvieron llenos de comentarios como: "no eres suficientemente alta", "te faltan más tablas", "el personaje es mucho más grande que tú", "no eres suficientemente blanca", "necesitamos a alguien más versátil...". Aunque en ese momento yo estaba acostumbrada, después de un tiempo empezó a afectar mi autoestima. Con el paso de los años, me fui dando cuenta de que esos rechazos no estaban dirigidos a mí, sino que eran parte de un proceso de selección y yo no podía encajar en todos los perfiles.

Estoy segura de que mientras lees esto te sentirás identificado con el rechazo. Te pudo haber pasado en algún momento; cuando en la escuela no fuiste elegido para ser parte de un equipo de baloncesto o fútbol, o cuando no pudiste *pertenecer* al grupo de amigas más populares de la escuela, entre otras situaciones similares.

Esas y otras historias se repetirán a lo largo de nuestras vidas. Tenemos que aceptar que cada rechazo nos hace más fuertes y más capaces. No necesitamos la aprobación de nadie para seguir adelante; más bien, tenemos que utilizar esas situaciones como *gasolina*.

La clave está en no dejar de competir porque, si lo haces, le cederás tu lugar a alguien más. Si te das cuenta, la mayoría de las personas que consiguen el éxito lo alcanzan porque persisten.

Los siguientes cuatro consejos te ayudarán a poder lidiar con el rechazo:

★ **RECUERDA** que el rechazo no está dirigido a ti. Cuando lo recibes, solo significa que en ese momento y circunstancia tus talentos no son lo que los demás necesitan.

★ **CADA RECHAZO APORTA** un poco más a tu aprendizaje.

★ Si las cosas **NO ESTÁN SALIENDO** como tú quisieras, es momento de hacerte esta pregunta: ¿qué necesito hacer para obtener un resultado exitoso?

★ Comienza a eliminar la **NEGATIVIDAD** de tu cabeza y visualiza imágenes positivas de ti mismo. Eso creará un cambio de chip en tu mente y atraerá mayores beneficios a tu vida.

🥊 La importancia 🥊 del rechazo

En resumen, quiero compartir contigo cinco razones por las cuales el rechazo es importante en tu vida:

★ Te ayuda a desarrollar habilidades para resolver problemas.

★ Cada rechazo te acerca más a tu meta y, por lo tanto, al éxito.

★ Construye tu personalidad y te hace emocionalmente más fuerte.

★ Te ayuda a saber qué cosas no funcionan en tu vida.

★ Te hace más resiliente.

@reginacarrot

CAPÍTULO 6

Resiliencia ante todo

Se dice que la valía de un buen boxeador no se determina solo por su destreza para pelear, sino también por su capacidad para volverse a levantar después de cada caída. Y con caída me refiero a cualquier fracaso. Antes de ser campeón, tienes que empezar desde cero y eso implica que vas a fracasar muchas veces. En ocasiones, las personas se desaniman con tantas decepciones. Solo aquellos que son emocionalmente fuertes pueden superarlo. Por eso quiero presentarte este gran concepto que revolucionará tu vida: la resiliencia; es decir, la capacidad que desarrollamos las personas para salir adelante ante cualquier situación, por más difícil que esta sea.

Un ejemplo perfecto es el boxeador estadounidense Muhammad Ali. No solamente tuvo que ser una persona resiliente en su vida profesional, a causa de la discriminación en las peleas de box debido a su color de piel, sino también al enfrentarse con la enfermedad de Parkinson. Fue una persona sumamente inteligente que nunca se dejó vencer y desarrolló no solo una excelente carrera profesional, sino que llegó a ser una figura pública y una inspiración para mucha gente.

Te quiero contar mi historia de resiliencia y cómo le di la vuelta al **problema** y lo utilicé como fortaleza. Tenía veintiún años, estaba en el tercer semestre de la universidad, estudiando la licenciatura en Mercadotecnia Internacional cuando, de pronto, mis padres me dijeron que no podría continuar los estudios si no conseguía financiamiento. A mí me habían otorgado una beca académica del veinte por ciento, pero no era suficiente para terminar la carrera y, además, había renunciado a ella porque en las tardes iba a grabar un programa de televisión y no tenía tiempo para hacer el servicio becario. Entonces, cuando mis padres me comentaron que no podría seguir en la universidad si no hacía algo al respecto, me sentí muy angustiada, como si el mundo se me viniera encima.

Siempre supe que mis padres me habían dado lo mejor que pudieron, pero ya era tiempo de que yo madurara y me pusiera manos a la obra. Fui a varios bancos para pedir un préstamo estudiantil y, después de muchos intentos, finalmente conseguí uno que sí me podía financiar una parte de los pagos semestrales, pero yo necesitaba el cien por ciento de cada semestre.

A pesar de que sentí tranquilidad por haber conseguido el préstamo, no sabía cómo iba a poder pagar el resto de la colegiatura. Así que comencé buscando todo tipo de trabajos relacionados o no con mi carrera. Era difícil, porque mientras eres estudiante nadie te da la oportunidad más que de practicante, y aunque sirve mucho para ganar experiencia, te pagan poco. Comencé coordinando las relaciones públicas de unas *pool parties* que se hacían con marcas de renombre en una terraza muy conocida de la ciudad de Monterrey, México. Gracias a ese trabajo, pude juntar el resto del dinero que necesitaba para completar el pago de cada semestre. Me fui dando cuenta de que, a pesar de ser un poco introvertida, era buena para las relaciones públicas, y como los eventos eran fuera del horario de clases, tenía la libertad de poder estudiar y trabajar. Era agotador, pero me ayudaba a sacar mis estudios adelante.

El dueño de la empresa de mercadotecnia habló conmigo para coordinar las relaciones públicas de varios eventos con marcas locales y decidí tomar ese trabajo. Aún recuerdo que terminaba cansadísima porque los eventos acababan a las cuatro de la mañana y yo tenía clases a las ocho en punto. Estaba agradecida con todas las personas que me habían dado la oportunidad y me sentía realizada en mi trabajo, ya que las relaciones públicas son una rama muy grande de la mercadotecnia.

Después de la rotación de eventos pasaron dos años más, y finalmente me gradué de Mercadotecnia Internacional con honores. Una vez terminados mis estudios de manera exitosa, tenía ahora un problema que resolver: cómo pagar el préstamo del banco.

Estuve en una agencia de publicidad traduciendo textos de español a inglés para páginas de Internet. Gracias a eso, fui creciendo y manejando cuentas con clientes, por lo que aprendí a desarrollar técnicas de negociación y de mercadotecnia digital. Ese trabajo me ayudaba a pagar el saldo mínimo del préstamo estudiantil, pero si seguía a ese ritmo, terminaría de saldar la deuda en diez años. Yo no quería eso porque necesitaba comprarme un auto para poder moverme. Así que cuando le platiqué a una de mis mejores amigas mi situación decidió prestarme el total de lo que le debía al banco para que quedara limpio mi historial con ellos. Nunca voy a olvidar cómo Mariana, mi mejor amiga, me apoyó en ese momento, y además me dijo que le fuera pagando como pudiera. Con este gran detalle descubrí que el amor incondicional de las amistades verdaderas sí existe.

Al liquidar la cantidad total que le debía al banco, se me presentó la oportunidad de entrar a un corporativo de alimentos y bebidas ocupando un puesto de aprendiz de mercadotecnia. A pesar de que eran más de cuatro mil personas aplicando para tan solo ocho plazas, yo decidí arriesgarme. Después de dos meses de entrevistas, finalmente me dijeron que había obtenido el puesto. Con este nuevo trabajo tuve un sueldo que me permitió pagarle a Mariana el dinero que me había prestado y comprarme mi primer automóvil.

Te cuento esta historia porque en la vida se nos presentarán situaciones que nos llevarán al límite y nos harán cuestionarnos si somos lo suficientemente fuertes para vencer y salir más fortalecidos o, de plano, salir fracasados. Si eres una persona resiliente podrás superar cualquier crisis o situación traumática que se te presente porque te entrenarás para poder afrontarlas y no solo dejarlas pasar. Si las dejas pasar, con el tiempo irán creciendo en tu interior y terminarás explotando de estrés. En lo personal, te puedo decir que yo pude haberme quedado paralizada cuando mis padres me dijeron que ya no iban a poder pagar mis estudios, pero encontré la manera de trabajar y estudiar, y no tener que abandonar mis sueños.

Hay quienes culpan a la vida o a sus padres por sus circunstancias, pero la verdad es que todo depende de cada uno de nosotros. Una persona que es resiliente aprende de cada situación difícil a la cual se enfrenta. No es una habilidad con la que naces, sino algo que vas desarrollando a lo largo de tu vida.

Si quieres ser una persona resiliente, debes tener alguna de las siguientes características:

SER CREATIVO. Cuando se rompe algo, las personas creativas están conscientes de que ese objeto ya nunca será el mismo; sin embargo, toman las partes rotas y comienzan a armar un objeto nuevo, como un *collage* o un marco, tratando de darle un significado más lindo y útil a eso que parecía perdido.

⭐

PRACTICAR *MINDFULNESS*. El *mindfulness*, también llamado *atención plena*, consiste en estar atentos de manera intencional a lo que hacemos, sin juzgar, apegarnos o rechazar en alguna forma la experiencia. Las personas que viven en el presente y en el ahora no se preocupan por el futuro ni el pasado. Saben que lo que pasó, pasó. Son individuos que disfrutan las pequeñas cosas de la vida y se siguen sorprendiendo por todo lo que viene a continuación.

⭐

CONOCER TUS FORTALEZAS Y DEBILIDADES. Es necesario saber usar esto a nuestro favor, porque cuando nos enfrentamos a una situación complicada tenemos que estar conscientes de lo que podemos hacer y de lo que no, y aceptar que hay veces que se necesita pedir ayuda, sin que esto sea motivo de vergüenza.

⭐

CONTROLAR EMOCIONES Y NO SITUACIONES. Generalmente, las personas queremos controlar todo en nuestra vida y eso es algo que nos termina decepcionando porque nunca lo podremos lograr. Lo único claro es que las circunstancias siempre cambian y así es la vida. Una persona con resiliencia aprende a controlar sus emociones y a saber cómo reaccionar al respecto. Este tipo de personas han logrado sentirse cómodas a pesar de no tener el control de todo.

⭐

RODEARTE DE PERSONAS POSITIVAS. Las personas resilientes cultivan sus amistades porque, al final del día, se apoyan mucho en ellas. Van desarrollando una red solidaria que nadie podrá quebrar.

★

BUSCAR AYUDA. Estas personas tienen muy claro que para poder superar algún suceso traumático en su vida tienen que apoyarse en otros e, incluso, buscar ayuda profesional.

🥊 Practica la resiliencia 🥊

Ser resiliente te convertirá en el mejor boxeador de la vida. Estas características te ayudarán a tener mayor resiliencia en tu vida:

- ★ Confía en ti mismo.
- ★ Acepta la realidad.
- ★ Desarrolla pensamientos constructivos.

Y estas afirmaciones te pueden ayudar a alcanzar tus sueños:

- ★ Sigo avanzando aun cuando las cosas se ponen difíciles.
- ★ Creo firmemente que puedo llegar a cumplir mis sueños.
- ★ Soy una persona fuerte que no le teme a nada.
- ★ Me tranquilizo cuando cometo un error porque sé que puedo arreglarlo.

@reginacarrot

CAPÍTULO 7

La estrategia perfecta

Después de intentarlo todo, inténtalo una vez más.

N o es ningún secreto que los mejores boxeadores, tanto en pantalla como en la vida real, tienen que llegar a hacer sacrificios extremos y dejar atrás su lado conformista para poder competir contra los mejores del mundo. Se necesita un entrenamiento crudo y riguroso para desarrollar una mentalidad tan poderosa que nadie la pueda romper.

Después de estudiar mucho la estrategia de los boxeadores, me di cuenta de que no somos tan diferentes a ellos y que para poder cumplir cualquier objetivo, sin importar el giro o la rama a que nos dediquemos, se necesita una receta similar a la que utilizan estos deportistas para desarrollar una mentalidad física y emocional inquebrantable. Esa fue la estrategia que utilicé para llegar al millón de seguidores en menos de un año, y vaya que ha resultado. Es la técnica que me ha mantenido de pie, y me ha ayudado a crecer y expandirme.

Para salir del Club de los Fracasados, es necesario que primero te conviertas en el mejor boxeador del mundo, en el más fuerte y en el que más rápido reacciona. Esto hará que puedas ganar no solo la primera pelea, sino el campeonato mundial. Será una serie de pasos que deberás tener presente en todo momento y que te diferenciará de los demás.

Michael Porter, uno de los genios de la mercadotecnia en el mundo, dice que para poder tener un negocio exitoso necesitas tener una ventaja competitiva que tenga lo siguiente:

★ Que sea único.
★ Que sea posible de mantener.
★ Que sea altamente superior al resto.

Si cumples con estas tres cosas, entonces necesitarás explotar tu ventaja competitiva para poder resaltar. Por ejemplo, imagina que te encuentras en una playa turística donde hay más de doscientos restaurantes de mariscos. Si yo te preguntara ahora si quisieras poner un restaurante del mismo tipo, probablemente me dirías que no. No obstante, si tú pusieras un restaurante que sirviera mariscos, pero fuera el único con vistas al mar y con espacio de guardería para los niños las cosas serían distintas. Estaría claro que tu ventaja competitiva es única, posible de mantener y altamente superior al resto de tu competencia. Este es un caso verdadero que le permitió a ciertos restaurantes ser de los más exitosos en México, debido a que supieron planear la estrategia perfecta y diferenciarse del resto.

Es necesario que sepas que si no tienes una estrategia definida, por más bueno y talentoso que seas, es probable que te quedes en el intento. Así que ya basta de proyectarte como la víctima y como la persona que solo fracasa. Si entraste a este club es porque te quieres superar y no tienes miedo de convertirte en una persona invencible. No estoy diciendo que este entrenamiento no va a doler, probablemente duela y mucho. Solo te pido que sigas los pasos al pie de la letra para poder ver resultados y que recuerdes siempre cuál es tu ventaja competitiva con respecto al resto.

A continuación, verás la estrategia correcta para poder salir del Club de los Fracasados y finalmente ganar la pelea contra el **BOXEADOR X**, ese que constantemente se aparece en tu cabeza diciéndote que mejor no entrenes y que te vayas de fiesta; que dejes la tarea para después y en lugar de eso salgas con tus amigos.

Sé que probablemente al ver la estrategia por primera vez no la puedas comprender o digerir, pero por eso es importante no brincarnos pasos y comenzar desde el principio. ¿Estás listo?

Practica con disciplina

★ Corre a toda velocidad.
★ Pégale a la carne.
★ Encuentra tu balance.
★ Canaliza la fuerza en el golpe.
★ Levanta los troncos.
★ Persigue a la gallina.
★ Cambia tu postura.
★ Sigue avanzando.

@reginacarrot

Cáete **DIEZ** VECES, levántate **ONCE**

SEGUNDA PARTE

Calentamiento

CAPÍTULO 8

Corre a toda velocidad

Por lo regular, cuando un boxeador se está preparando y entrenando para una pelea en el **ring**, lo primero que tiene que hacer es despertarse temprano y correr a toda velocidad. La mayoría de los boxeadores corre para, entre otros beneficios, mejorar su condición cardiovascular. Este es un elemento clave para poder combatir, debido a que es lo que les ayuda a durar doce rondas peleando arriba del **ring**. Como los boxeadores, realizar este ejercicio te creará disciplina, y al mismo tiempo te ayudará a alcanzar la condición física y mental que necesitas para no cansarte.

Cuando estuve trabajando en el área de mercadotecnia, en una empresa reconocida mundialmente en el ramo de los alimentos y bebidas, me enseñaron que siempre teníamos que ir corriendo a toda velocidad porque, si no lo hacíamos, la competencia nos ganaría. Así que cada mañana, a pesar de que entraba a trabajar a las nueve de la mañana, yo llegaba una hora antes para revisar mi agenda, terminar las tareas pendientes y poder ir un paso adelante. Siempre me actualizaba en las nuevas tendencias del mercado y me preparaba para poder estar al día cuando me preguntaran algo.

Cuántas veces, por flojera y por cansancio, dejamos las cosas para el final; la famosa procrastinación. Somos especialistas en dejarlo todo para el último minuto y creer que de igual forma saldrá bien. La realidad, y te lo digo desde el fondo de mi corazón, es que si tú no tienes tanta hambre de triunfar y de ser alguien en la vida, probablemente no lo lograrás. Tienes que presentarte con más energía y con la mejor actitud todos los días porque mientras tú duermes tu competencia, en otra parte del mundo, ya está trabajando.

La vida es una carrera y no tiene nada de malo que tú no seas el primero o la primera en llegar, pero sí debes tener esa hambre de querer hacer algo importante y dejar tu huella en el planeta. Cuando no tienes idea de qué quieres lograr o cómo lo vas a conseguir, es cuando te quedas paralizado, sin moverte hacia ningún lado. Ese es un momento trascendental. Lo que debes hacer es empezar a trazar un plan que te sirva de guía.

¿Recuerdas la historia de la tortuga y la liebre? La liebre se burlaba todo el tiempo de la tortuga porque ella era muy veloz y la tortuga, extremadamente lenta. Un día decidieron competir en una carrera. La liebre no hacía sino reírse, pues era obvio que iba a terminar ganando por mucho. Comenzó la carrera y la liebre corrió a toda velocidad. Decidió tomarse un descanso, pues iba muy adelantada con respecto a su contrincante. Cuando la tortuga la alcanzó en su área de descanso, la liebre solo se reía. Así las cosas, después de varias ocasiones en que la liebre se adelantó y esperó a la tortuga, las circunstancias cambiaron. La liebre decidió tomarse un descanso al lado del árbol y se quedó dormida. Mientras tanto, la tortuga siguió avanzando pasito a pasito hasta que llegó a la meta final. Cuando se despertó, la liebre corrió a toda velocidad, pero la tortuga ya había ganado. Fue ahí cuando la liebre aprendió una gran lección: en la vida no hay que burlarse de nadie ni subestimarlo. Hay personas que parece que van a paso lento, pero pueden terminar ganando la carrera. Es importante que corras a la mayor velocidad que puedas, sin importar cuán lento o rápido seas, lo importante es que siempre te superes, pues nunca sabes a qué paso va la competencia. Muchas personas cuando comienzan a ver que avanzan se frenan un poco, y ahí es cuando alguien más les termina ganando la carrera.

Es por eso por lo que quiero enseñarte cómo *correr a toda velocidad* en el día a día.

¿Cómo puedes aplicarlo en tu vida? Creando hábitos.

Ya sea en tu vida amorosa, laboral o personal, es importante que encuentres rutinas que puedan ayudarte a ir a toda velocidad y mucho más rápido que tu competencia. Tienes que moverte a mil por hora para ir avanzando y acercándote a tu meta. Recuerda que la competencia siempre va tres pasos adelante de ti.

Te quiero enseñar seis estrategias para que comiences a crear tus hábitos y te dejes de excusas:

ESTABLECE METAS CLARAS. Puedes ir empezando poco a poco, pero lo primero que tienes que hacer es establecer metas específicas para lograr objetivos concretos. Si no lo haces, entonces todo quedará ambiguo y no conseguirás nada. Si quieres alcanzar muchos objetivos a la vez te vas a frustrar, probablemente renuncies y tampoco lograrás nada. Por eso quiero que, poco a poco, los vayamos definiendo. Por ejemplo, un hábito general sería: "Voy a hacer ejercicio todos los días". Y un hábito específico sería: "Voy a hacer cuarenta y cinco minutos de ejercicio todos los días".

⭐

ARMA TU PLAN. Es difícil trazar un plan al principio porque vas a estar constantemente luchando contra tu cerebro, que te dirá: "¡qué flojera, mejor empiezas mañana!" o "nunca lo vas a lograr". Para evitarlo, lo primero que tenemos que hacer es identificar todas las excusas que no deberían estar alimentando a nuestro cerebro y aprender muy bien cómo no caer en ellas. Por ejemplo, si debes acabar una presentación y siempre tienes la televisión encendida, entonces apágala para que te concentres, y no la vuelvas a encender hasta que acabes.

★

NOTIFICACIONES CON ALARMAS. Es válido ser una persona olvidadiza cuando estás tratando de acomodar veinte actividades en el día, así que puedes poner alarmas en tu celular que te recuerden tus objetivos o tareas diarias. De esta manera dejas de inventar excusas como "se me olvidó" o "ahora sí, mañana sin falta comienzo".

★

ESTABLECE RITUALES. Por lo común, cuando queremos comenzar a crear un hábito no es fácil lograrlo si no lo convertimos en un ritual. Por ejemplo, si tienes que hacer veinte minutos de ejercicio todos los días y no te gusta, puedes poner una lista de reproducción de música que te agrade mientras te ejercitas y así no se te hará pesado. Cada vez que tengas que hacer ejercicio vas a poder disfrutarlo porque lo asociarás con algo positivo, que en este caso será tu música.

★

MONITOREA TU PROGRESO. Para que te mantengas motivado y quieras seguir logrando tus objetivos, es importante tener un sistema que te permita monitorear tus avances. Es una manera de visualizar todo más fácilmente.

★

CELEBRA TUS LOGROS. Tienes que celebrar lo que tanto te ha costado porque eso te motivará a querer seguir avanzando. Por ejemplo, si llevas tres semanas cumpliendo la dieta de manera estricta, es una buena opción que te comas un pedazo de pastel para que sea tu recompensa. Así querrás avanzar tres semanas más para la próxima rebanada de pastel.

⭐

Te revelo lo que personalmente me ayudó a crear un canal de YouTube con más de treinta millones de vistas, lo puedo resumir en dos palabras: constancia y dedicación.

Cuando comencé con este proyecto, recuerdo que subía un video cada mes o mes y medio. Me tardaba mucho en desarrollar los contenidos porque no tenía las habilidades, que ahora sí poseo, para grabar, editar, escribir y producir. Lo que sucedió es que hice un compromiso conmigo misma y me dije: "Regina, si quieres vivir de tu creatividad, dar conferencias y ayudar a las personas, tienes que ser constante. No puedes subir un video una semana y desaparecerte por el resto del mes". Esto lo repetí millones de veces en mi cabeza y también me dije: "Regina, si quieres resultados serios, tienes que tomarte esto como un trabajo serio". Y eso fue lo que hice: me levantaba todas las mañanas a investigar sobre temas interesantes para mi audiencia y empecé a hacer una calendarización donde me ponía tareas diarias. De esa manera, ya no había escape, y así, poco a poco, de ser un *hobby* se convirtió en mi trabajo a tiempo completo.

La diferencia entre un sueño y una visión es que un sueño no está conformado por pequeñas metas y es algo que ves muy lejano, que no imaginas o planeas lograr. Una visión está compuesta por planes a corto y mediano plazo para poder lograr cada propósito. Eso permite que los objetivos comiencen a verse tangibles. Y para poder lograr tu visión y objetivos tienes que hacerte de pequeños hábitos con los que obtendrás grandes cambios.

Hábitos que te ayudarán en tu día

- ⭐ No consumas azúcares.
- ⭐ Consume grasas saludables.
- ⭐ No consumas harinas blancas.
- ⭐ Bebe agua.
- ⭐ Maneja el estrés.
- ⭐ Come muchos vegetales verdes.
- ⭐ Come proteína.
- ⭐ Haz ejercicio.
- ⭐ Ama el cuerpo que tienes mientras trabajas para lograr el que quieres.

¿Cuáles son los diez hábitos que te gustaría crear para hacer realidad tu visión?

@reginacarrot

CAPÍTULO 9

Pégale a la carne

Estoy segura de que al leer este título te quedaste con cara de interrogación. Lo entiendo, pero verás cómo todo tiene sentido.

En *Rocky*, la película sobre el famoso boxeador, su entrenador le dice que para aumentar su fuerza necesita pegarle a un pedazo de carne que tenían colgado. Esto ayudó al boxeador a desarrollar más fuerza en los brazos y a no cansarse tanto cada vez que daba un golpe.

Por lo regular, golpear un pedazo de carne es muy similar a golpear a una persona en el deporte del box. El objetivo de este entrenamiento es poder desarrollar tu fuerza al máximo.

Cuando comencé a dar conferencias ante miles de personas y me comprometí a hacer dos videos a la semana en mi canal de YouTube y en Facebook, tenía frente a mí un reto muy grande. Sabía que lo que más tenía que hacer era practicar, practicar y practicar. Poder hablar de manera fluida frente a las cámaras o en eventos públicos requería de práctica. Yo, al hablar, arrastro la letra **S** y a veces no pronuncio correctamente varias palabras. Así que, como me daba pena no hablar bien, me inscribí en un curso con una maestra especializada en el arte de la oratoria. Tuve que trabajar durante meses en la dicción para poder hablar de manera fluida, más clara y sin arrastrar varias letras.

Para superar esto, me pusieron enfrente de muchas personas a practicar ciertas partes de mis conferencias. En ese tipo de "exámenes" las personas tenían que evaluarme y darme retroalimentación sobre cómo mejorar. Te platico esto y me abro contigo porque, a pesar de que me apena el hecho de que tuve que "aprender a hablar", reconozco que esos cursos con la maestra me hicieron más fuerte. El solo hecho de practicar una y otra vez fue lo que permitió que yo pudiera ganar la fuerza necesaria para mejorar mi dicción.

Hoy por hoy, te puedo decir que todos los días me ejercito para mejorar constantemente y ya no es algo que me da vergüenza aceptar. De hecho, me da más seguridad y me hace más fuerte. Dominar este impedimento no solo me dio mayor confianza en mí misma sino que mi trabajo del día a día en conferencias se hizo mucho más fácil de disfrutar.

¿Cómo aplicarlo en tu vida? Encuentra lo que te motiva.

Esta fue mi historia, pero en tu caso recuerda que esto es un juego psicológico. Todo está en la mentalidad, así que aquí tienes que hacer un ejercicio de introspección y pensar qué es lo que te dará fuerzas en tu negocio o trabajo. Eso que tanto deseas requiere que desarrolles ciertas habilidades que no son imposibles: solo debes prepararte. Y después de dominarlas, recuerda que siempre tienes que estar leyendo y aprendiendo nuevas técnicas para mantenerte actualizado.

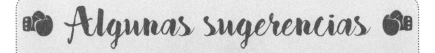

Algunas sugerencias

PIENSA POSITIVO. Tu dedicación rendirá frutos. Nadie se vuelve un experto de la noche a la mañana, todos requieren de práctica constante.

ELABORA UN DIARIO QUE REFLEJE TUS PROGRESOS. Si comienzas a anotar todos tus avances, te sentirás más motivado para seguir mejorando. Tener metas claras hace que tu mente pueda organizarse poco a poco, esa meta que se veía tan inalcanzable se convertirá en un objetivo tangible.

LEE COMO MÍNIMO UNA VEZ AL MES UN LIBRO SOBRE EL TEMA QUE MÁS APORTE A TU FORMACIÓN. Malcolm Gladwell dice que para que uno se haga experto en un tema necesita practicarlo durante diez mil horas. Si comienzas a leer libros relacionados con el tema que tanto te apasiona, podrás ganar mayor conocimiento de tu área.

RODÉATE DE GENTE QUE TE SUME EN LUGAR DE RESTARTE. En la vida te encontrarás con algunas personas que te impulsarán a mostrar tu mejor versión, pero también te toparás con otras que te restarán. A estas últimas las llamamos "gente tóxica". Es importante que no te dejes influenciar y siempre estés pensando en rodearte de la gente que más le sume a tu vida.

@reginacarrot

CAPÍTULO 10

Encuentra tu balance

Es importante que te estés preparando para sacar al boxeador de hierro que llevas dentro, pero tampoco se trata de que trabajes en una sola tarea todos los días. Probablemente te desesperes después de un rato y quieras dejar de hacerlo. Lo importante es encontrar un balance entre tu pasión y las cosas que te gusta hacer para que te mantengas motivado. Por ejemplo, los boxeadores están en un entrenamiento constante muy intenso, pero cuando llegan a la casa se duermen temprano. En la noche hablan con su familia, o una vez a la semana se dan unas horas para reencontrarse consigo mismos, haciendo algo que les guste como ir al cine o ver a su familia.

Recuerdo que cuando comencé a grabar dos videos a la semana para el canal de YouTube me sentía muy agobiada porque pensaba que no podría desarrollar tantas ideas. Hubo días enteros en los que no salí de mi casa porque me la pasaba escribiendo guiones y tratando de encontrar nuevas ideas. Esos horarios no tenían espacios para *breaks*, eran prolongados y agotadores. Poco a poco, me fui dando cuenta de que no estaba siendo productiva. Así fue como, después de varios meses de estar *encerrada*, descubrí que no estaba manteniendo un balance en mi vida y que necesitaba hacer varios ajustes. También me hacía falta salir a comer o ver a mis amigos para despejar un poco mi cabeza y tener más ideas. Al comenzar a darme espacios de descanso —a la hora de la comida y para salir con mis amigos—, empecé a desarrollar la habilidad de crear contenidos de manera rápida y productiva. Tener tiempo para descansar me estaba haciendo mucho bien. De pronto, sentía la mente más despejada y libre.

Lo único que yo no quería era que estar agobiada por desarrollar tanto contenido me quitara el gusto por grabar y escribir. Si dejas de disfrutar lo que haces, es muy probable que te frustres y te rindas. Muchas personas comienzan amando lo que hacen, pero después de un tiempo dejan de disfrutarlo y se inhibe su creatividad. Y eso se ve reflejado en su actitud frente a la cámara.

Ante este tipo de situaciones, para poder mantener un balance en tu vida, te recomiendo que apliques los siguientes consejos que, también te ayudarán a tener más fuerza personal y emocional:

HAY QUE SER PRECISOS CON LOS HORARIOS. Si vas a trabajar o desarrollar tu proyecto establece horarios; así ya sabes que después de ese tiempo te toca convivir con la familia e incluso convivir contigo mismo. Si no lo haces, probablemente empieces a notar que hay un desequilibrio en tu vida personal. Si no le sacas el mayor provecho a estos momentos, entonces lo único que sucederá es que te terminarás quedando horas extras para recuperar todo el tiempo perdido. Y eso es lo que sucede cuando las personas van a trabajar y regresan tarde de su hora de comida: tienen que quedarse después a terminar todos los asuntos pendientes.

★

DISFRUTA EL MOMENTO. Tendemos a culparnos mucho por los errores que hemos cometido en el pasado. ¡Despierta! La realidad es que solo tenemos el presente y no hay nada que podamos cambiar. Aprende a disfrutar del ahora y enfócate en lo que sí puedes hacer. Porque lo que hagas hoy tendrá un gran impacto en tu futuro.

★

REALIZA EJERCICIO. Es importante mantenerte activo porque no solo quemas calorías al hacer actividad física, sino que tu organismo libera endorfinas, que son sustancias que te ayudan a sentirte alegre y te mantienen aún más dinámico. A veces, al realizar ejercicio logras despejarte de las preocupaciones de tu trabajo y terminas concibiendo ideas que no se te habían ocurrido antes.

★

DESCANSA DE TU TELÉFONO MÓVIL. Vivimos acostumbrados a traer el celular para todos lados, hasta cuando vamos al baño o a la regadera. En lugar de estar conectados, lo único que hemos conseguido es estar más desconectados. Para tener éxito de manera integral es importante combinar la actividad laboral con la personal, manteniendo un balance.

★

MEDITAR. Esto no significa que sea necesario que vayas a un templo o a algún lugar específico para realizarlo. Me refiero a hacer una introspección personal de cómo te encuentras en tu vida, que analices si eres feliz o qué es lo que te hace falta. A veces dejamos que las cosas que no tienen sentido invadan nuestra mente y eso solo nos complica y amarga la vida.

★

🎲 Encuentra 🎲
el equilibrio

Escribe las cinco cosas que crees que le proporcionarán balance a tu vida. A continuación, reflexiona con las siguientes preguntas:

⭐ ¿Cuáles son las cinco cosas que crees que le proporcionarían balance a tu vida?

⭐ ¿Qué debes dejar de hacer?

⭐ ¿Qué debes empezar a hacer?

@reginacarrot

CAPÍTULO 11

Canaliza la fuerza en el golpe

Cuando un boxeador quiere vencer a su contrincante sabe que no solamente necesita tener una buena condición física, sino la fuerza suficiente para poder tumbar al oponente. Esa fuerza se trabaja haciendo ejercicios de pesas para hacer crecer el músculo. Cuando hablo de fuerza no me refiero solamente a la que se precisa para ganar, sino a la que se requiere cuando uno atraviesa dificultades y decide no rendirse. Esa es la mejor definición de la palabra.

Es momento de hacer crecer tus músculos emocionales, es decir, la resistencia que debes desarrollar para lidiar con tus altos y bajos, y para tener mayor confianza en ti mismo. Para lograrlo, tienes que saber con claridad lo que quieres y lo que no quieres ser en tu vida.

Por eso te recomiendo los siguientes ejercicios para que los pongas en práctica cada día y te ayuden a fortalecer a ese boxeador que llevas dentro.

DEDICA QUINCE MINUTOS A LA AUTORREFLEXIÓN. Es importante dedicarte este tiempo todos los días porque te ayudará a comprenderte mejor. Por lo regular, no nos hacemos preguntas claves: "¿Por qué siempre me enojo?", "¿cuál es el significado de mis reacciones?", "¿qué es lo que quiero en la vida?". Estos cuestionamientos jamás nos los hacemos y luego estamos perdidos. Cuando encuentras una conexión contigo mismo, tienes más claridad de lo que te hará emocionalmente más fuerte.

★

ACEPTA LAS EMOCIONES NEGATIVAS. Estamos acostumbrados a interpretar las emociones positivas en nuestra vida. Sabemos que queremos ser felices y somos adictos a buscar la felicidad. Pero la realidad es que frecuentemente nos topamos con muchas emociones negativas y no sabemos cómo afrontarlas. Te puedo asegurar que si comienzas a hacer las paces con tus emociones negativas estarás más tranquilo.

★

¿OBSTÁCULOS? NO TE EQUIVOQUES, SON DESAFÍOS. A veces los obstáculos que creemos que nos frenarán son los que nos ayudan a saltar al siguiente nivel. Las cosas que realmente valen la pena no son y nunca serán fáciles. Así que en el momento en que la vida te ponga un obstáculo tómalo como un reto o como un desafío que debes vencer para poder convertirte en una mejor versión de ti.

★

LA ÚNICA CONSTANTE ES EL CAMBIO. Siempre habrá cambios. A veces serán buenos y otras, malos. Lo que te mantendrá emocionalmente fuerte es conservar el entusiasmo. Y con esto me refiero a sentirte apasionado por lo que viene a continuación, por querer superarte. Las personas que saben enfrentar los cambios son más felices.

★

TOMA ACCIÓN HOY. ¿Eres capaz de luchar por lo que quieres o prefieres ser la persona del "hubiera"? La mayoría se queda en el "quisiera haber sido" o "hubiera luchado por eso". No deseo que tú seas como esas personas. Tú naciste para ser alguien grande, por eso estás bajo este entrenamiento. Te reto a que mires tus sueños a los ojos, y comiences a ponerles fecha.

⭐

AGRADECE LO QUE TIENES. Es altamente recomendado y saludable dar gracias todos los días por las cosas que *SÍ* tienes. Si logras desarrollar este hábito, verás todo lo positivo que te rodea. Y cuando hablo de dar gracias también me refiero a agradecer por lo que eres: por tu personalidad, tu físico y todo aquello que te caracteriza.

Gratitud y fortaleza

Piensa en cinco cosas por las que quisieras dar gracias el día de hoy. A continuación, analiza cuáles son los aspectos que debes trabajar para fortalecerte.

@reginacarrot

EL
éxito
DEPENDE
de ti

CAPÍTULO 12

Levanta los troncos

El boxeo es uno de los deportes de contacto más antiguos de la humanidad y solo permite combatir utilizando los puños. Cada **round** o asalto consta de tres minutos. El número de asaltos depende de si es boxeo profesional o semiprofesional. Durante esos asaltos de combate los boxeadores experimentan mucha intensidad, por lo que es importante tener una buena resistencia, ya que eso determinará cuán rápido recuperan su energía. Se puede decir que es **indispensable** tener una gran resistencia para alcanzar el éxito. No es ningún secreto que si un boxeador quiere ser exitoso, necesita tener buen manejo de sus pies, así como firmeza y aguante en piernas y brazos.

Quisiera hacerte una pregunta: ¿qué es lo que te ayuda a recuperar la energía?

En lo personal, lo que me permite recuperar la energía es dormir bien. Si no duermo seis o siete horas diarias, me siento fatigada, cansada, sin la dosis de energía que necesito para poder rendir en todo mi día. Otro ingrediente muy importante es el desayuno, ya que es la clave para mantenernos con mucha vitalidad durante nuestra jornada diaria.

Te voy a ser sincera: hace tres años yo era la típica persona que no desayunaba porque no tenía hambre en las mañanas y sentía que eso solo me quitaba tiempo. Lo que sucedía entonces era que, en la segunda junta del día, a las once de la mañana, ya estaba muy cansada e incluso comenzaba a tener mucho sueño porque no tenía nada en el estómago. Me di cuenta de que tan solo necesitaba cambiar algunos hábitos para recuperar mi energía.

Estos son los consejos y nuevos hábitos que puse en práctica para tener más resistencia durante el día:

DUERME TODO LO QUE PUEDAS. Es importante tener una buena noche de sueño y descanso para mantener tus niveles de energía al máximo. Lamentablemente, hay gran cantidad de personas que tienen problemas para dormir, y es probable que la causa sea que toman productos con cafeína en la noche o tienen su mente ocupada en la computadora o la televisión. Yo te aconsejaría que, una hora antes de dormir, despejes tu mente y la dejes descansar.

⭐

BEBE MUCHA AGUA. Si no estás tomando entre uno y dos litros de agua al día, entonces puede que estés deshidratado. Eso te puede causar fatiga y confusión mental. Las frutas y verduras también contienen ciertas porciones de agua y ayudan a regularizar tu cuerpo. Y si de plano no quieres agua ni verduras, te recomiendo que, aunque sea, bebas un té y comiences a crear este hábito porque te ayudará a purificarte y a sentirte mejor.

⭐

EJERCICIO. Cuando hablo de esto no me refiero a ejercicios pesados; con que te muevas durante el día, aunque sean treinta minutos, es suficiente. Puedes ir a caminar para obtener una gran cantidad de energía. Hacer ejercicio transporta oxígeno y nutrientes a todo el cuerpo y lo más importante es que reduce el estrés. Si eres de las personas que no tiene tiempo porque trabajas todo el día, te recomiendo que lo hagas a la hora de la comida o antes de llegar al trabajo. Recuerda que "Al que madruga, Dios lo ayuda".

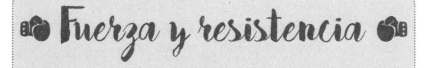

Fuerza y resistencia

Quiero que pienses cuáles son las actividades o hábitos que te permiten adquirir más fuerza y resistencia. Te pongo de ejemplo lo que a mí me ayuda.

★ Dormir.
★ Desayunar.
★ Dejar a un lado la computadora.
★ Beber agua.

@reginacarrot

CAPÍTULO 13

Persigue a la gallina

La precisión en el boxeo es un factor que se desarrolla después de mucho entrenamiento. Entre más certero sea un boxeador con sus golpes, mayores serán sus oportunidades de ganar cada asalto. En la película *Rocky II*, el entrenador usó una gallina para que el protagonista pudiera desarrollar esa habilidad, ya que atrapar a una gallina no es un trabajo fácil: son rápidas, veloces y van á correr lo más rápido posible antes de que las atrapes.

En la vida real sucede lo mismo. Cuanto más preciso seas y mejor control tengas de tu oponente, más efectiva será tu respuesta. Tienes que conocer a fondo tu negocio o producto para poder dominarlo y saber responder ante el mercado.

Hay una frase que ha marcado mucho mi vida y me ha inspirado a seguir adelante:

LA GENTE MÁS *exitosa* NO ES LA MÁS *talentosa*, SON LAS PERSONAS QUE SIGUEN INCLUSO CUANDO EL *camino* SE PUSO *difícil* Y NUNCA QUITAN EL DEDO DEL RENGLÓN.

Hace dos años, en una de mis primeras conferencias, cuando estaba a punto de comenzar, me di cuenta de que no funcionaba la pantalla. Las personas que estaban en el público no podían ver mi presentación y no había forma en ese momento de resolverlo. Comencé a entrar en pánico, pero después de respirar y tranquilizarme, me di cuenta de que no tenía ningún problema en seguir porque me sabía toda la información al derecho y al revés. Aprendí una de las lecciones más grandes de mi vida: "siempre es importante estar preparado para cualquier evento o situación. No es suficiente con solo conocer la información, hay que dominar lo que estás haciendo". Porque si uno se confía y no se prepara, de pronto se pueden presentar situaciones externas como esta que podrían provocar una caída muy grande. Así que tú decides qué quieres ser: el mejor en lo que haces o solo ser del montón.

Prepárate para acertar

Una y otra vez prepárate para acertar. Si esta vez tuviste una falla, en la próxima lo harás mejor. Decide que quieres ser un ganador.

@reginacarrot

CAPÍTULO 14

Cambia tu postura

E n el boxeo, una parte del éxito del competidor está relacionada con su postura. Si tiene una posición adecuada puede dar el golpe que lo hará ganar la pelea, pero, si mantiene una incorrecta, puede resultar perjudicado, incluso quedar descalificado del campeonato.

Básicamente, te puedo decir que la postura es muy importante para poder conseguir un triunfo. Es por eso por lo que debes practicar muchas veces, porque tienes que conocer los diferentes tipos de golpes y reacciones que te puede mostrar el oponente. Es indispensable prepararte muy bien para vivir cada vez menos en la incertidumbre.

Déjame repetirte algo: la única constante que vas a tener en la vida es el cambio. Es algo que nunca vas a poder controlar. Cuando estés en la mejor etapa de tu vida, disfrútala, porque las cosas no duran para siempre; y cuando estés en tu peor momento, no te agobies porque esa tormenta a la larga pasará. Todo tiene sus pros y sus contras, pero tienes que estar consciente de que las cosas van a cambiar.

Anteriormente te comenté que, antes de dedicarme por completo a dar conferencias de desarrollo y crecimiento personal, estuve trabajando en una corporación global de alimentos y bebidas, en el área de mercadotecnia. En ese trabajo no solo me dedicaba a crear estrategias comerciales sino también a desarrollar videos internos de las marcas. Ser parte de una empresa tan grande e importante, me hacía sentir realizada en mi trabajo. Pero un día, luego de las vacaciones de Navidad, nos mandaron llamar a todos los que trabajábamos en el piso once para decirnos que nuestra área se mudaba a Ciudad de México, y que quienes desearan irse a esa ciudad seguirían contando con su trabajo. En ese momento me paralicé porque yo no me podía ir a vivir allá, pues me casaba en unos meses. Me sentí muy estresada y deprimida porque ya llevaba casi cuatro años dedicando muchas horas a ese trabajo que tanto me gustaba, y que, por supuesto, quería seguir realizando. Fue un cambio que en su momento me tomó tiempo entender, pero cobraría sentido con el transcurso de los meses. Si no hubiera sucedido eso, yo probablemente me hubiera tardado más en encontrar mi pasión por grabar videos y dar conferencias de motivación.

Tener que empezar de cero y reinventarme me ayudó a poder dedicarme al cien por ciento a dar conferencias motivacionales. Ese *hobby* lo convertí en mi trabajo a tiempo completo. Aunque al principio fue difícil, ya que no tenía ningún manual para saber por dónde empezar y cómo operarlo, poco a poco fui aprendiendo el negocio y me di cuenta de que esta nueva etapa no solo era un trabajo, sino mi pasión, lo que siempre había soñado: poder empoderar a las personas y encontrar mi propósito de vida.

Admito sinceramente que soy una fiel creyente en la idea de que todos estamos destinados a hacer algo único en esta vida y a poder cumplir nuestra misión; pero los tiempos son distintos para cada uno: algunos descubren cuál es su cometido muy pronto y otros se tardan un poco más. No importa cuándo suceda, lo que sí es necesario es que sigas buscando hasta encontrar tu misión. Ten presente que los cambios siempre son buenos. Al principio sentirás que no tienen sentido, pero después de un tiempo verás cómo todas las piezas encajan. Cada suceso pasa por algo y para algo. Recuerda que no todo está bajo tu control.

🎲 *Bajo tu control* 🎲

De los aspectos de tu vida o del mundo. ¿Cuáles puedes controlar y cuáles no?

ASPECTOS QUE PUEDO CONTROLAR

ASPECTOS QUE NO PUEDO CONTROLAR

@reginacarrot

CAPÍTULO 15

Sigue avanzando

L o único que te puedo asegurar es que vas a pasar por dificultades y obstáculos que, en su momento, te harán sentir que no puedes superarlos, pero debes mantener una mentalidad positiva y pensar que tienes que seguir avanzando. Al final del día, las personas que son constantes y nunca dejan de creer en sus fortalezas son las que avanzan. Hay quienes, si no ven resultados en los primeros años, deciden darse por vencidos. Lo único que eso consigue es abrirle el camino a los que sí siguen peleando.

Quiero ofrecerte algunos consejos que podrán aligerar tu día:

TOMA LAS COSAS DÍA POR DÍA. A veces nos apresuramos a tomar decisiones con la cabeza caliente. Es mejor enfriarse y pensar de manera sensata. Si tomas decisiones de forma impulsiva, te puedes arrepentir. En algunas ocasiones, cuando tomas decisiones basadas en el enojo, no hay manera de arreglar las cosas después. Así que, si en algún momento sientes que se te está viniendo el mundo encima, recuerda que no todo se tiene que arreglar en un día.

★

MANTÉN UNA MENTALIDAD POSITIVA. Si piensas de manera positiva, comenzarás a atraer cosas positivas a tu día. No me refiero a que crees un mundo perfecto en tu cabeza, sino a que aceptes la situación en la que estás y trates de sacar lo mejor de ella. Comienza cambiando tu lenguaje interno y elimina la palabra *no* de tu vida. Estamos acostumbrados desde pequeños a que nos digan: "No toques eso", "No repruebes el examen", "No tires la comida". Este lenguaje negativo nos afecta y nos condiciona a limitarnos en muchas de nuestras capacidades. Y, por último, por favor, aléjate de la gente negativa en tu vida. No te traerá nada bueno. Si por lo regular estás rodeado de personas negativas, comenzarás a contagiarte y, sin darte cuenta, pronto estarás formando parte de ese mismo círculo vicioso.

★

NO ES UNA COMPETENCIA. Lo fundamental es empezar. No importa si te tardas todo un día en completar una tarea mientras la hagas bien. Recuerda que esto no es una competencia, todos van a su propio ritmo. Lo importante es no parar y seguir avanzando.

★

APRENDE A AMAR LOS RECHAZOS. Si llegas a dominar esto serás imparable, ya que no te afectará que te digan que no. A veces los planes no saldrán como tú quisieras, pero no puedes permitir que eso te desmotive; más bien, utiliza esas desilusiones como *gasolina* para desarrollar más caminos y oportunidades.

Eres lo que **HACES,** no lo que **DICES**

★ ★ ★ ★ ★

TERCERA PARTE

Que comiencen
los asaltos

CAPÍTULO 16

Primer asalto: autoestima vs. egoísmo

Ya te preparaste y estás listo para entrar al **ring**. Finalmente, llegó el día de la pelea estelar. Has pasado por el calentamiento necesario y adecuado para que estés fuerte y puedas sacar tu mejor versión en este combate. Ahora, lo único que necesito que hagas es que creas en ti. Es momento de sacar ese boxeador de hierro que has estado forjando con tanto entrenamiento. Lo tienes dentro de ti, solo que no has querido sacarlo.

Te quiero advertir que vas a escuchar a muchas personas gritando a favor de tu oponente, pero tienes que hacer caso omiso y no escucharlas. Este es un juego de concentración en el que se necesita que creas en ti mismo.

Te recomiendo que utilices la visualización para definir objetivos claros en tu vida. Cuando los tengas, escríbelos junto con un plan de acción. Esto hará que comiences con las actividades y vayas teniendo un seguimiento. Podrás ver de una manera más clara cuáles son tus áreas de oportunidad y apuntar los sentimientos por los que estés pasando ese día. Es una manera de tomar las riendas de tu vida y comenzar a crecer para convertirte en tu mejor versión.

No sé si lo sabías, pero tú eres más fuerte de lo que crees. Tienes el poder de vencer cualquier obstáculo que se interponga en tu camino. Constantemente tendrás que enfrentarte a nuevas situaciones y será imposible saber qué va a pasar cada día. Esto nos produce miedo. Queremos siempre ser precavidos y estar preparados para prevenir riesgos porque si estamos en situaciones que no conocemos creemos que somos débiles; pero la realidad es que nosotros tenemos el volante de nuestra vida en nuestras manos.

Permíteme contarte que uno de mis videos motivacionales más visto ha sido el que lancé en redes sociales hace unos meses con el título: "¿Y tú sabes cuánto vales?". Ese video tiene actualmente veinticuatro millones de visualizaciones y ha sido compartido casi un millón de veces en Facebook. Es un video con el que muchas personas se han identificado gracias al recurso que empleo. Comienzo sosteniendo un billete de quinientos pesos y preguntando cuánto vale. Todos responden que quinientos pesos. Después de pisar el billete, escupirlo y hasta reclamarle, les vuelvo a preguntar que cuánto vale el billete. Todos responden que sigue valiendo lo mismo.

Como puedes entender, el valor del billete no cambia a pesar de que lo aplastes, lo dobles a la mitad, lo sumerjas en agua o incluso lo metas bajo tierra. Así que abre los ojos y no les des el poder a otras personas para que definan tu valor. Si alguien te grita, te insulta o te traiciona recuerda que tu valor sigue siendo el mismo. Eres como ese billete, por eso no debes permitir que nada ni nadie te haga sentir inferior, ni que alguien te trate como si valieras menos.

Conoce tus fortalezas y debilidades

¿Sabes cuáles son tus fortalezas y debilidades? Piensa en cinco ejemplos de cada una de ellas y escríbelas, así podrás saber a qué aspectos tienes que prestarle más atención.

Aquí te dejo la lista de las mías:

Fortalezas:

- ★ Puntual.
- ★ Dedicada.
- ★ Disciplinada.
- ★ Creativa.
- ★ Honesta.

Debilidades:

- ★ Impaciente.
- ★ Dudo de mí.
- ★ Escucho lo que dicen otros.
- ★ Obsesiva.
- ★ Desconfiada.

@reginacarrot

CAPÍTULO 17

Segundo asalto: amor vs. odio

La vida es una experiencia increíble, sin embargo, está llena de batallas internas y externas que tendremos que librar. Esos combates te van a definir como persona y serán siempre parte de ti. Las cargarás como cicatrices en tu cuerpo y, con el tiempo, dejarán de doler. Por eso te quiero preparar, porque te vas a encontrar con dos opciones para enfrentar la vida: puedes hacerlo desde el lado del amor o desde el lado del odio. Imaginémonos que estos dos bandos son unos lobos feroces que tienen mucha hambre y se encuentran en continua lucha, tanto en tu mente como en tu corazón. El lobo del amor quiere guiarte hacia un camino de felicidad, alegría y éxito; y el otro quiere llevarte por el rumbo de la negatividad, la tristeza, el rencor y los resentimientos.

¿Cuál de estos dos lobos va a ganar?

Ambos tienen mucha fuerza y capacidad para vivir en ti...

El lobo ganador será aquel que tú alimentes más.

Cada acto que lleves a cabo y cada huella que dejes en este mundo serán para bien o para mal. Esa es la comida con la que estarás alimentando a cada lobo. Por supuesto, la opción lógica es decir que vas a alimentar al lobo del amor; sin embargo, la vida te va poniendo ante situaciones complicadas que a veces sacarán a la luz tu peor versión, esa en la que sientes envidia, rencor y ambición dentro de ti. Por eso quiero explicarte este proceso, para que no te dejes llevar por tus impulsos. Cuando comienzas a alimentar a un lobo, y lo haces por mucho tiempo, él seguirá pidiéndote más; así que te recomiendo que siempre alimentes al bueno. Si lo haces, atraerás por instinto a personas cálidas y exitosas que harán de tu vida una fiesta y tendrás más aliados de los que te imaginas. Este lobo bueno te ayudará a seguir creciendo y mejorando en tus logros. Te hará más responsable y te alejará de las malas vibras.

Si la toxicidad domina tu corazón, acabarás soportando a seres negativos que te amargarán la existencia. Puede ser que tengas buenas intenciones, pero una persona rodeada de gente negativa comienza a contagiarse cada día un poco más, y cuando menos lo imagina o lo espera ya se ha convertido en uno de ellos.

Cuando yo tenía veintiún años tuve una relación amorosa que marcó mi vida. Fue un noviazgo que cumplía con todas las expectativas que yo tenía: una persona que me cuidara, que fuera detallista, que me pusiera en primer lugar y que me fuera fiel. No podía creer que finalmente, lo había encontrado. Él era muy deportivo y exitoso en la escuela. Yo lo admiraba mucho, al igual que otras mujeres; sin embargo, eso fue algo que nunca me preocupó, pues me demostraba que yo era importante para él y que no había nadie más en el panorama.

Algo que me gustaba de Roberto (no es su nombre real, pero digámosle así) fue que siempre buscaba la manera de verme. Si tenía entrenamiento, pasaba a saludarme, aunque solo fuera durante cinco minutos. A los seis meses de un noviazgo perfecto comencé a notar ciertos cambios en él. Como era muy guapo, muchas mujeres lo buscaban. Un día le pedí verlo, pero me dijo que tenía que estudiar para un examen y que estaba ocupado. Yo le creí, pero después me enteré, por una amiga, que él había estado en un café con otra persona. Cuando le pregunté si era verdad, lo admitió y me dijo que a última hora había tenido que juntarse con alguien más para repasar un proyecto. Esto fue algo que dejé pasar, pues siempre me decía la verdad. Así que continué en la relación y seguía contenta, pero él comenzó a "desaparecerse" por unos ratos. Ya no me decía buenas noches ni buenos días y se justificaba diciendo que se había quedado dormido en la noche; no obstante, yo lo veía en línea en su celular. También me decía que, en la mañana, iba apurado y por eso no había podido escribirme. Todos estos tipos de comportamiento ya no me gustaban, pues me hacían sentir que yo ya no era su prioridad y que su atención estaba dirigida a algún otro lado.

Aún recuerdo un domingo del mes de septiembre en que nos juntamos en mi departamento para convivir y ver películas. Él me pidió mi computadora para revisar su correo y tuve la corazonada de que algo estaba pasando y me lo estaba escondiendo. Cuando se acabó la película decidió irse a su casa y yo me fui a descansar. Tenía el presentimiento de que algo no estaba bien, así que decidí abrir la computadora para ver si seguía conectado en su correo. Era correcto, había olvidado cerrar su sesión y el primer correo que aparecía en su bandeja de entrada era de una mujer que yo no conocía. Ese mensaje decía: "Me encanta tu cuerpo, te extraño mucho y ya quiero volverte a ver". En ese momento, el mundo se me vino encima. Sentía como si me estuviera quebrando en pedacitos. Esa traición me acababa de partir el corazón.

Tenía muchas dudas en mi cabeza: "¿Por qué me había hecho esto?", "¿qué le faltó o qué fue lo que nunca le di?". Pero lo peor de todo era que él me seguía diciendo mentiras. Al confrontarlo, me dijo que era un juego de palabras y que nunca había pasado nada. Yo ya no me sentía a gusto en la relación y preferí mejor terminar las cosas.

Te cuento este caso que es muy personal y doloroso en mi vida amorosa porque, a pesar de que por mucho tiempo estuve alimentando al lobo del amor en la relación, también conocí al lobo del odio cuando pasé por esa traición y él me metía ideas negativas en la cabeza y sentimientos de rencor y soledad. Me provocaba una angustia tremenda sentir todo eso. Hasta que un día decidí perdonar a Roberto por su traición; no por él, sino por mi tranquilidad y paz mental. Yo ya no quería sentir que iba cargando piedras en mi corazón. El amor es un sentimiento increíble y no iba a dejar que una mala experiencia lo arruinara todo; así que, después de unos meses, lo perdoné de manera interna y comencé a alimentar de nuevo al lobo del amor. Vi el cambio automáticamente: me sentía más feliz y agradecida por las cosas y bendiciones que tenía.

A pesar de que la vida juegue en tu contra, recuerda que todo es temporal, tanto los buenos como los malos ratos. Así que si estás pasando por un buen momento disfrútalo, pues no durará para siempre. Y si estás pasando por un mal rato, entonces aguarda, que después de la tormenta, viene la calma.

No alimentes al lobo

Reflexiona cuidadosamente y prepara una lista donde reúnas todas las cosas que SÍ quieres en tu vida. Haz otra donde enumeres aquellas que NO deseas.

@reginacarrot

CAPÍTULO 18

Tercer asalto: ganar vs. perder

E l tercer asalto es uno de los más importantes que vas a disputar porque va a cambiarte la perspectiva en muchos aspectos. Y si logras usarlo a tu favor, vas a tener el mundo en tus manos. Así que lee con atención.

Todo el tiempo se nos ha dicho que es necesario ganar siempre y que la derrota es algo que ni siquiera debe existir en nuestro vocabulario; sin embargo, es necesario perder para poder apreciar las cosas. Si siempre estuviéramos ganando en la vida, todo se nos haría fácil. Por ejemplo, cuando los integrantes de un equipo de fútbol van a competir y, aun después de haber tenido seis meses de entrenamiento, pierden, se darán cuenta de que tienen que entrenar más y mejor, por lo que es muy probable que durante los próximos meses se preparen mucho más y entrenen duro para estar listos para el siguiente torneo. Cuando llegue el triunfo lo disfrutarán y habrán aprendido la importancia de la dedicación, el entrenamiento y el trabajo en equipo.

No solo vemos reflejado el valor de perder en equipos de deporte, sino también en distintas situaciones de la vida.

¿Qué opinas de estos enunciados?

- ⭐ Una semilla no se equivoca cuando decide morir en el surco para poder renacer y convertirse en una planta.
- ⭐ No se equivocan las personas que caen miles de veces tratando de alcanzar sus sueños, se equivocan aquellas que no hacen nada para lograrlo por miedo a fracasar y perderse en el intento.
- ⭐ No se equivoca aquella persona que comete errores y de vez en cuando mete la pata y se pierde en el camino. Se equivoca la persona que nunca trata de perderse para al final encontrarse en su destino.

Al final del día, el error más grande en la vida es tener miedo de cometer un error.

Saben que yo siempre he sido muy sincera con ustedes, y algunos hasta dicen que no tengo "pelos en la lengua". La verdad es que no soy ni la persona más competente ni la más talentosa. Lo único que sí te puedo decir es que soy una boxeadora de la vida. Que peleo por acercarme a mis sueños. He aprendido a ganarme las cosas porque la mera verdad es que nadie te las va a regalar. No te puedes pasar todo el tiempo esperando a que llegue ese *momento perfecto* o esa persona que te va a rescatar y te va a salvar.

Soy una persona normal, como tú que estás leyendo este libro. Lo único que estoy haciendo distinto es que no he parado de pelear ni de buscar maneras de hacer que mis sueños se vuelvan realidad. Debes tener tanta hambre y quererlo con tantas ganas que no haya nada ni nadie que pueda detenerte. Tienes que encontrar tu motor. Y cuando hablo de motor, me refiero a eso que te motiva a perseguir tus sueños. Puede que sea tu familia, alguna persona que amas, poder proveer dinero para la salud de alguien cercano a ti o, tu realización personal. No importa cuál sea tu motor, siempre y cuando tengas **uno** definido de manera muy clara.

En lo personal, te puedo decir que mi motor es mi familia. Lo más importante en mi vida es poder ser el mejor ejemplo para mi esposo, padres y hermana. Saben que siempre he sido una persona soñadora y quiero que vean que sí se puede cumplir los sueños. Poder ayudar con los gastos de mi casa me hace sentir plena. Mis padres ya tienen una edad avanzada, por lo que también me gusta apoyarlos con sus gastos. Ese es mi motor de cada día y lo que me mantiene viva. Si no los tuviera a ellos, no creo que funcionaría de la misma manera.

Hoy por hoy, te puedo decir que no sé cómo acabé aquí, escribiéndote este libro, pero lo que sí sé es que el hecho de no dejar de insistir me ha ayudado a superar grandes obstáculos para hacer realidad mi sueño. Hubo días en los que dudé tanto de mí que no dejaba de preguntarme: "¿Y si no funciona, y si a nadie le gusta, y si, y si, y si...?". Hasta que un día me dije: "¡Regina, ya basta! Lo vas a hacer con todo y miedo, y si nadie va a verte ni modo, sigues avanzando, pero jamás vas a detenerte".

Por eso, siempre que dudo de mí misma, recuerdo la historia de Thomas A. Edison, una de las personas más brillantes de la historia, quien, entre otros grandes inventos, creó la bombilla incandescente. En una ocasión, alguien le preguntó:

—¿Cómo te sentiste al haber fracasado más de mil veces antes de hacer funcionar la bombilla?

Y él le contestó:

—No fracasé mil veces, solamente encontré mil maneras con las cuales no iba a funcionar el proyecto.

Cada vez que encontraba una nueva variante con la cual no funcionaba su invento, ganaba más experiencia y conocimientos.

Se trata de lo que aprendes y en quién te conviertes en tu viaje, por eso tienes que definir tu propia forma de ganar, y ganar no necesariamente significa que siempre quedes en primer lugar, sino que logres algo de lo cual no te creías capaz. Por ejemplo, en la primera película de Rocky, el objetivo del boxeador no era ganar la pelea, sino poder terminarla. Hay personas que si no ganan siempre el primer lugar en todo terminan desilusionándose y *tirando la toalla*. Y no se dan cuenta de que todo se va dando por escalones y por pasos. El objetivo es poder superarte cada vez más.

Persigue el triunfo

¿Cuál es tu motor? ¿Qué razones te ayudan a salir adelante en tu vida?

Tu éxito y tus victorias personales y profesionales no tienen por qué basarse en un patrón establecido por los demás. Define lo que tú consideras como un triunfo y persíguelo.

@reginacarrot

CAPÍTULO 19

Cuarto asalto: constancia vs. pereza

D e seguro has experimentado problemas para ser constante en algo. A veces he llegado a pensar que eso es parte de nuestra naturaleza. Batallamos contra nosotros mismos para mantenernos realizando esas actividades que requieren mucho esfuerzo por un largo tiempo. Queremos resultados rápidos y más en estos tiempos de velocidad, de transmisiones en vivo, de videollamadas, de supertecnología. Por momentos, todo parece alcanzable. Muchas cosas ahora son más simples debido a la tecnología; por ejemplo: publicar un libro electrónico, aprender a utilizar herramientas de edición de videos o a tocar un instrumento, hablar un nuevo idioma y hasta obtener nuevos y diversos conocimientos a partir de toda la información disponible en Internet. Sin embargo, lo que no ha cambiado es que, si tú no haces las cosas, estas no suceden solas. Nada sucede por sí solo. Todo es consecuencia de algo. Y si hablamos de sueños, de retos y de planes los resultados finales son la consecuencia de tu esfuerzo durante el proceso de entrenamiento.

Si un boxeador falta a los entrenamientos previos a la gran pelea, esas ausencias tendrán una repercusión en su desempeño el día de la contienda. Esto es un hecho, es la realidad y no se puede alterar. Si el boxeador se desvela, tiene mala alimentación y pésimos hábitos de descanso, de seguro le afectará el día del combate. Los maratonistas dicen que las carreras no se corren el día del evento, sino todos los días durante la preparación; el día del evento es solo la cereza del pastel. Para los corredores de maratón, el día más importante es tres semanas antes de la carrera, ya que es cuando tienen que hacer su entrenamiento más largo: le llaman **la corrida larga**. Ese día es la simulación final, la cúspide del entrenamiento, ahí tienen que correr veinte millas y media (treinta y tres kilómetros) en preparación para las veintiséis millas (cuarenta y dos kilómetros) que recorrerán el día de la competencia. Si te brincas los entrenamientos, sufrirás en la pelea. Si te brincas la corrida larga, sufrirás el día de la carrera. Igual sucede con tus sueños: si no eres constante, si te distraes, te desenfocas y te dejas llevar por la pereza o te pierdes en reclamos sin sentido —como, por ejemplo, querer culpar a la suerte—, la vas a pagar al final de tu proyecto. Es un hecho, algo saldrá mal.

Lo que más me llama la atención es nuestra terquedad. Sabemos que estamos haciendo mal al dejarnos caer en la pereza y, sin embargo, en muchas ocasiones, en lugar de reaccionar, prendernos y reactivarnos, no lo hacemos. Entramos y salimos de nuestro estado de apatía de manera intermitente y lo que hacemos es quejarnos. Nos encanta reclamar, culpar a la difícil vida que nos ha tocado, a la familia, al nivel de educación u oportunidades que recibimos, a nuestros enemigos y hasta a los amigos, incluso le reclamamos al destino. Aquí te comparto una frase sobre este tema:

> **EL QUE ES BUENO PARA INVENTAR EXCUSAS CASI NUNCA ES BUENO PARA NADA MÁS.**
> **—BENJAMÍN FRANKLIN**

Deja de quejarte.

Deja de reclamar.

Deja de llorar.

Préndete.

Párate.

Corre al gimnasio del Club de los Fracasados, elige el costal que prefieras y tírale golpes con todo. Desahógate. Está bien fallar, detenerte, pero no te des por vencido.

¿Estás harto? Está bien, toma un receso.

¿Te sientes desesperado? Cálmate, respira hondo, descansa.

¿Crees que estás agotado y ya no tienes energía para seguir? No tomes decisiones en ese estado. Tómate el día libre. Cambia de actividad y realiza una que te guste. Despeja tu mente y tu alma. Al día siguiente: síguelo intentando.

Aquí te va un consejo genial que a mí me ha funcionado para no desesperarme y que además me impide caer en la pereza: elabora una lista de las cosas que tienes que hacer en tu día.

A mí me da mucha tranquilidad escribir en papel todos los asuntos pendientes que tengo que terminar en un día; incluso, a veces, hago el listado de los de toda la semana. Luego le agrego un nivel de urgencia a cada uno de ellos; por ejemplo, les pongo una *A* a todos los que tengo que realizar ese día, luego una *B*, y hasta una *C* a los que pueden esperar un poco más. Este acto tan simple me ayuda mucho a enfocarme, en mis objetivos. Es que el desorden nos lleva a la pereza; por tanto, tenemos que utilizar técnicas que mantengan nuestras actividades y mentes en orden.

Otra cosa que he descubierto con respecto a la constancia es que, muchas veces, quienes conquistan los mayores logros son los más constantes, no los más talentosos, así que he aprendido a valorar, reconocer y atesorar la constancia como un valor trascendental. Te voy a contar un cuento, se titula "El arpa".

Había una vez un rey que adoraba la música, por lo que anduvo de viaje por todo el mundo para encontrar el mejor instrumento que existiera. Un mago le vendió un arpa. El rey regresó feliz a su reino, pero cuando el músico real la tocó en su palacio, el arpa estaba desafinada, sonaba horrible. El músico real no logró afinarla. Otros músicos probaron y también fallaron, por lo que concluyeron que había sido un engaño, así que el rey ordenó que se deshicieran del arpa. Una niña muy humilde la encontró en la basura y, a pesar de que no sabía tocar, decidió intentarlo. Tocó durante días y noches, durante meses y años. Cada vez mejoraba un poco más, pero el arpa seguía desafinada. Hasta que un día, de la nada, la niña empezó a tocar melodías espectaculares: era un arpa mágica que solo se dejaría tocar por quien mostrará pasión, interés y esfuerzo real. El rey escuchó a lo lejos la música del arpa e inmediatamente ordenó traer a la persona que la hacía sonar. Quedó muy emocionado al ver tocar a la niña de esa manera el arpa que él había desechado. Con mucha alegría, nombró a la niña músico real, y la llenó de riquezas a ella y su familia.

Todos hemos desechado proyectos después de intentos efímeros. Es más, a veces fingimos los intentos con tal de cumplir, con tal de aparentar que intentamos. Todos hemos caído en la pereza de no seguir intentando. ¿Para qué, si no pasa nada? ¿Para qué, si nadie me presta atención? ¿Para qué, si todos se burlan?

No seamos como los músicos del, quienes después de uno o dos intentos se dieron por vencidos y culparon al instrumento. Seamos como la niña que tomó la oportunidad que se le presentó y, sin cuestionarse mucho, empezó a trabajar. Por un motivo u otro, a veces no importan las razones, ella tocó y tocó y tocó. ¿Por qué lo seguía haciendo? No sabemos. Pero lo que sí sabemos es que esa niña mostró una pasión muy grande, día a día, durante años. ¿En cuántos proyectos lo has estado intentado durante más de un año?

Las cosas no suceden solas

A veces se requieren años, a veces ochenta y nueve videos (como a mí), a veces solo unos cuantos meses. Lo bueno y lo malo es que no sabemos cuándo, pero sí sabemos que las cosas no suceden solas. Hay tormentas que no se alejan por sí mismas. Tenemos que soplar día a día hasta despejar el horizonte.

@reginacarrot

Eres
RESILIENTE

CAPÍTULO 20

Quinto asalto: persistir vs. tirar la toalla

Rendirse es fácil. Dramatizar, culpabilizar, sentirte derrotado es fácil. Llorar es muy fácil. También culpar a la suerte, al destino, a la competencia desleal, a las injusticias de la vida y a cuanto motivo se te antoje. Tirar la toalla es la salida cómoda, es lo que hace la mayoría de las personas. ¿Quieres ser de ese grupo? Yo te invito a que nunca tires la toalla, te invito a ser fuerte y creativo para encontrar energía en los rincones más escondidos de tu espíritu, donde siempre hay un pedazo de resistencia y esperanza: es como una reserva especial para casos extremos. Te invito a que te acerques a ella, la tomes con mucha determinación y la utilices.

Te regalo esto, que es un conocimiento supertrascendental que he obtenido a golpes (ya sabemos que no hay otra manera de aprender):

> Siempre podemos más de lo que creemos, siempre.

Lo he comprobado miles de veces. Así que, cuando sientas que ya no puedes más, cuando seguirlo intentando parece imposible, piensa que se trata de una especie de *performance* que tu organismo te está presentando. La realidad es que siempre tenemos una reserva de energía extra. Siempre podemos luchar un asalto más, correr una milla más, hacer un intento extra. Cuando estoy desesperada, agotada y frustrada, me gusta imaginar cómo actuaría si fuera la única persona en una isla desierta y mi vida dependiera única y exclusivamente de mí misma. ¿Qué tan real y grande sería mi esfuerzo por romper un coco que podría saciar con su líquido mi sed y evitar mi muerte? ¿En realidad diría que no puedo abrirlo cuando vaya por el intento número diez? Si mi vida dependiera de ello, estoy completamente segura de que lo rompería sin importar el número de veces que tuviera que intentarlo, sin importar los métodos que tuviera que probar o las herramientas que tuviera que utilizar. Si ya tengo ese coco en mis manos, y mi vida depende de él, obviamente lo voy a abrir y voy a tomar su agua. En mis proyectos, uso esa comparación y siempre me funciona para lograr encontrar ese empuje extra, para hacer un esfuerzo más, sin importar que eso implique un día, mes o año adicional.

Recuerdo el dicho de una tía: "Las cosas buenas toman tiempo". Yo me frustraba cuando ella me decía eso. Es obvio que lo hacía porque me veía desesperada. Después de muchos fracasos, he aprendido que sí es muy cierta y atinada esa reflexión. No se puede triunfar de inmediato. Hay que estar conscientes de que vamos a caer, ya lo hemos dicho.

Cuando estés desesperado, enfócate en los pequeños esfuerzos, en los objetivos cortos. No te preocupes por la gran meta. Valora los pequeños avances. Moverse, aunque sea un milímetro, es mejor que quedarse estático. Así que dale, venga. Acepta que hay días en los que solo avanzarás un poco. Es más, aceptemos que, a veces no avanzaremos nada, pero no importa. No avanzar o fallar no implica que nos daremos por vencidos. Vamos por pasos pequeños. Juntemos millones de logros pequeños. Uno a uno, como un ejército de hormigas que, sumando pequeños esfuerzos, logran mover rocas gigantes.

Entonces, ¿qué te parece si aceptamos que nos toparemos con fracasos? ¿Qué tal si recordamos que de seguro caeremos con la boca sangrando, que incluso perderemos peleas y la pasaremos mal? ¿Crees que puedes hacerlo? De todas formas, nada de eso nos detendrá en nuestro andar hacia el gran objetivo. O sea, ya sabemos que estamos entrando a una tormenta, pero también sabemos que estamos buscando la luz del sol.

Qué tal si imaginamos que compramos un boleto para entrar a un parque de diversiones. Queremos pasarla genial, pero en ese momento, leemos en la parte de atrás del boleto algunas de las muchas cláusulas escritas en él en letra miniatura:

★ Algunas atracciones pueden estar cerradas.
★ No nos hacemos responsables por nada de lo que te suceda adentro.
★ Si hay lluvia, no hay devoluciones.
★ No todos los restaurantes estarán abiertos.
★ Es posible que algunas atracciones te causen malestares, algunos de ellos severos.
★ No nos hacemos responsables por robo o daño al automóvil que dejaste en el estacionamiento.
★ Sabemos que tendrás que hacer filas enormes y perder en ellas horas enteras; sin embargo, no podemos hacer más para resolver eso, por lo que te pedimos paciencia.

Sabes que sudarás y caminarás bajo el sol todo el día. Intuyes que hasta para ir al baño tendrás que hacer fila. Estás conciente de que pagarás precios altísimos por una comida rápida que probablemente te servirán fría. Entiendes que comprarás a precios de lujo unos *souvenirs* que apelan a tu nostalgia. A pesar de todo eso, compras el boleto y entras al parque feliz. Vives el parque. Haces filas, desafías a la lógica y tomas con calma todo lo malo que pueda pasar porque sabes que es muy probable que llegue ese momento mágico en donde todo tiene sentido, ese instante en que el carro llega a la parte más alta de la montaña rusa, sientes un vacío en el estómago y en tu rostro aparece una de las mejores sonrisas de tu vida. A tu lado está tu mejor amiga, tu hermano o tu papá, a quien le tomas la mano y sientes toda su buena vibra. A lo lejos, ves en el horizonte unas nubes blancas enormes. Gritas emocionado y sonríes. Y son esos momentos los que te permiten creer que todo el cansancio valió la pena porque, a pesar de todo lo que podía salir mal —o que de hecho salió mal—, a pesar de eso, en ese instante fuiste feliz. Ganaste y ese triunfo mereció todo lo que hiciste ese día.

Así sucede con los retos, sueños y proyectos. Ya sabemos que muchas cosas pueden salir mal. Es más, como he venido diciéndote en este capítulo: aceptemos ya que habrá momentos en que la pasaremos mal, momentos en que nos dolerá todo, como en el parque de diversiones. Quizá ya no aguantes el dolor de los pies, quizá estés deshidratado, quizá tengas rozaduras en las piernas o quemados los hombros. Quizá, quizá, quizá... muchas cosas pueden salir mal, pero con que una sola salga bien, eso va a merecer todo el esfuerzo. Créeme, ese instante de felicidad o triunfo se lo merece todo.

¿Tirar la toalla? Ni lo pienses. Es más, ¿cuál toalla? Ya no tienes toalla, la guardaste hace mucho tiempo y ahora te limpias el sudor con el antebrazo. No necesitas toallas. Ni siquiera pienses en renunciar. Considera esta frase:

 EL DOLOR ES TEMPORAL, RENUNCIAR ES PARA SIEMPRE.

—LANCE ARMSTRONG

Así que tú decides: o bien lidias con el dolor temporal, admites que a veces puede ser casi insoportable y tratas de superarlo o de avanzar por más que duela; o bien cargas siempre con el peso de haberte dado por vencido. Será un sello que tendrás siempre. ¿Quieres cargar con esa marca? Creo que todos alguna vez lo hemos hecho y sabemos que es un recuerdo amargo. Definitivamente, se siente mejor haber luchado hasta el final, todos los asaltos.

Mira esta frase de un gran periodista, novelista y poeta uruguayo:

 NO TE RINDAS, POR FAVOR NO CEDAS, AUNQUE EL FRÍO QUEME, AUNQUE EL MIEDO MUERDA, AUNQUE EL SOL SE ESCONDA Y SE CALLE EL VIENTO, AÚN HAY FUEGO EN TU ALMA, AÚN HAY VIDA EN TUS SUEÑOS.

—MARIO BENEDETTI.

¡Dale con todo!

No te rindas, no te des por vencido. Lucha hasta el final. No siempre se gana, pero queda la satisfacción de haber terminado la pelea.

@reginacarrot

CAPÍTULO 21

Sexto asalto: amigos vs. enemigos

Uy, este tema es bien polémico, pero me encanta. Disculpa si en este capítulo sueno como una mamá, pero es un consejo básico que seguramente la gran mayoría de las madres ha dado en alguna ocasión: escoge con cuidado a tus amistades.

Recuerdo a mi mamá diciéndome: "Regina, no me gusta esa muchachita", y yo me enojaba. Le preguntaba sus motivos, pero ella simplemente me decía: "No sé, pero no me gusta". Era ese radar que poseen las mamás, y que ahora como adulta, entiendo que es esa intuición que solo da la experiencia.

A veces, cuando estamos involucrados con ciertas amistades, no vemos ciertas cosas como las pudieran ver aquellos que están a distancia. Yo he aprendido que las personas que están a mi alrededor son bien importantes, ya que generan un ambiente que afectará de una forma u otra mi persona y mi desempeño. Sin embargo, a veces olvido que depende de mí con quién convivo. Depende de mí cómo reacciono. Los demás no son los culpables de todo lo que me sucede.

He aprendido a escuchar más mi intuición y te invito a que tú lo hagas. Presta atención a esa voz interna que en ocasiones te murmura, que a veces incluso te grita y aun así no le queremos hacer caso. ¡Escucha esa voz! Es tu sabiduría. Me gusta pensar que quizá es la sabiduría acumulada de mis ancestros o de la humanidad; una pizca de ADN llena de conocimiento que no sabemos por qué tenemos. Escúchala, suele hablarte de temas relacionados con la elección de amistades. Estoy de acuerdo en que en ocasiones no podemos escoger con quién nos va a tocar trabajar o convivir en ciertos proyectos, pero lo que sí podremos elegir siempre serán nuestras amistades. A veces, por motivos insospechados o por no escuchar los consejos de nuestros padres, nos equivocamos y lo hacemos de manera desafortunada.

Si tenemos la oportunidad y libertad plena para elegir a nuestras amistades, ¿por qué nos equivocamos? Pues quizá sea simplemente porque así es nuestra naturaleza y punto. Lo importante es corregir el error y evitar cometerlo de nuevo.

A veces no nos damos cuenta cuando alguien se convierte en un amigo muy cercano, no lo planeamos ni lo vemos venir. En ocasiones, alguien se une a un grupo de manera repentina y altera toda la dinámica del mismo. De repente, las personas cambian ante un suceso especial o simplemente con el paso del tiempo. A veces cambiamos nuestros comportamientos y manera de ver las cosas. A veces conviene alejarnos; otras, conviene callar; y, en ciertas oportunidades, conviene hablar; pero lo que siempre conviene es rodearte de personas positivas y auténticas.

Seguramente has escuchado la teoría de Jim Rohn que dice que tú eres el resultado del promedio de las cinco personas con quien te juntas. ¡Caray! Cuando leí sobre esta teoría me traumaticé. ¿Acaso no te dejó pensando? Mira a tu alrededor. Analiza si las personas con quien te juntas, en realidad te tiran buena vibra. Partamos de que una amistad te debe aceptar como eres y, por consecuencia, te debe querer, transmitir amor y energía positiva, y como resultado de eso, un buen amigo te hace ser una mejor persona. ¿Esto sucede con tus amistades actuales? ¿Te sientes bien siendo el promedio de las cinco personas con quien más te juntas? Si la respuesta es no, lo bueno es que depende solamente de ti corregirlo; aún mejor, puedes empezar en este preciso momento. Esta respuesta es el mejor y más rápido parámetro para entender nuestra situación. Ahora te voy a mostrar información importante para ayudarte a detectar si uno de tus amigos cercanos es una mala influencia:

- ★ Te envidia.
- ★ Se burla de ti todo el tiempo.
- ★ Habla mal de ti cuando no estás.
- ★ Siempre ve algo malo en lo que haces.
- ★ Te reclama tonterías continuamente.

Si algo de esto sucede con alguna de tus amistades cercanas, ¡aléjate de inmediato! Estas son luces rojas muy claras de que no es una buena influencia para ti, señales de que claramente no es una buena amistad. Son personas que solo traen cosas negativas a tu ambiente. ¡Aléjate! ¡Huye!

Ahora ya sabes quién es una mala influencia, pero no sabes cómo distanciarte. Como siempre, queremos evitar el drama, confrontaciones y discusiones sin sentido. No queremos perder el tiempo en eso. Entonces, aquí te van algunas ideas para alejarte de las malas influencias:

ALÉJATE SIN DRAMAS: deja de asistir a eventos donde sabes que puede estar esa persona. Deja de buscarla. Deja de verla. No inventes excusas; de hecho, casi siempre damos explicaciones de más. Simplemente disminuye la frecuencia con que la ves. Poco a poco entenderá el mensaje.

★

SILENCIO: hay silencios muy poderosos, como la famosa ley del hielo, pero en este caso queremos que sea en buena onda. Entonces, habla lo mínimo necesario. Responde lo mínimo necesario, sin dramas, sin llamar la atención. Disminuye la intensidad.

★

PARTICIPA POCO: ponle menos entusiasmo a tu relación con esa mala influencia.

★

Con estos tres puntos debe ser suficiente para alejarte, sobre todo el primero: o sea, aplicar la famosa huida en silencio, hacerte el sordo, mantenerte callado, sin dramas ni acusaciones.

Evita a toda costa caer en la tentación de discutir. Por lo regular, las personas negativas buscan provocar, les agrada discutir, confrontar. Tú no quieres perder el tiempo en eso. No acuses. No vayas al pasado para reclamar nada. Simplemente, aplica estos puntos y cambia de aires. Ve por mejores amigos.

A ver, aquí te va una pregunta poderosa: ¿tus amistades más cercanas aportan algo para que seas una mejor persona, te ayudan a que alcances tus sueños y te animan en tus fallas? ¿Ya te habías cuestionado esto antes? Si te fijas bien, en la misma pregunta se enumeran tres aspectos muy importantes:

1. ¿Te aportan algo bueno para que seas mejor persona?
2. ¿Te ayudan en la lucha por tus sueños?
3. ¿Te animan cuando fallas?

Estos tres puntos definen las características más sobresalientes de un buen amigo. Aquí te menciono algunas más:

★ Te escucha.
★ Te comprende.
★ Puedes ser auténtico con él.
★ Puedes confiar en él.
★ Cuando te equivocas, te lo hace ver.
★ Disfruta tus triunfos.
★ Te corrige.
★ Te desea lo mejor.

Quizá te parezca obvio todo esto; sin embargo, probablemente muchas veces no nos damos cuenta de que algunos de nuestros supuestos amigos no cumplen con estas condiciones. A veces evolucionamos de manera diferente a ellos o, en algunos casos, ellos simplemente cambian. Tal vez estamos recibiendo el influjo de escenarios y ambientes nuevos en los que las personas reaccionan diferente. En ocasiones, te das cuenta de que ya no estás conectado con alguien, que por cualquier cosa hay fricción, entonces lo mejor es avanzar: cambiar de aires, desear el bien a todos, no acusar a nadie ni guardar resentimientos; solo tomar un rumbo más adecuado para ti en este momento.

Ahora bien, entiendo que hay amigos de los "de toda la vida"; de esos que aunque casi no veas sabes que si los llamas siempre estarán para ti. Yo sé, yo los tengo y estoy de acuerdo con esto. A quienes me refiero en este capítulo es a los amigos con los que te juntas actualmente, las amistades cercanas. Siempre mantente atento a la respuesta que le das a esta pregunta: "¿Me siento bien siendo el promedio de las cinco personas con las que me junto?". Si no es una respuesta positiva, entonces hay que analizar tu entorno, cuidarlo, filtrarlo. También, obviamente, tienes que ver cuál es tu contribución a ese entorno. Si no estás aportando nada positivo, entonces no esperes cosas favorables a cambio, pero ese ya es otro tema.

🥊 Elige bien 🥊
a tus amigos

Piensa quién te gustaría que estuviera alrededor del *ring* dándote ánimo, gritándote y atendiéndote en los descansos, quién sería tu equipo de lujo... Esos son los amigos con los que te tienes que juntar.

@reginacarrot

CAPÍTULO 22

Séptimo asalto: un buen entrenador vs. un entrenador agresivo

Requerimos humildad para seguir aprendiendo. Debemos reconocer que siempre hay nuevos conocimientos por obtener y admitir que hay personas más sabias y expertas que nosotros. Es decir, si vamos a pelear, necesitamos un buen entrenador.

Un buen entrenador te llevará por un camino de aprendizaje constante, te dará herramientas para que vayas creciendo. No te resolverá los problemas sino que poco a poco irá fomentando el surgimiento de nuevas habilidades para que las desarrolles. Un buen entrenador te ayudará a ser mejor en tu área. Asegúrate de que la información que te brinde sea específica, de esa manera podrás entender más claramente tus oportunidades. Aunque seas experto en lo que haces, eso no impide que un entrenador externo te pueda dar herramientas para contribuir a un mejor desempeño.

Procura que exista siempre una comunicación clara y honesta en los dos sentidos. Es importante que establezcan desde el inicio las expectativas y objetivos que ambos tienen. Es superimportante mantenerse alineados en este tema, ya que se requiere que los dos siempre apunten hacia la misma meta, que puede ser tan solo terminar la pelea o simplemente no caer a la lona. Sin embargo, llegará el momento en que el objetivo sea ganar un combate tras otro hasta que venga una meta más grande, más trascendental. A ello se llega paso a paso, como ya lo dijimos, avanzando poco a poco.

Si tu entrenador te agrede en cualquier sentido, evidentemente dejarás de trabajar con él. No confundas exigencia con agresiones. Un entrenador jamás debe burlarse de ti. No debe poner en riesgo ninguno de los principios y valores en lo que tú crees. Y, por supuesto, no debe sugerir nada ilegal. Lo que quieres es competir de manera legal. Vivir el proceso como todos lo hacen y enfrentarte de una manera justa a tu reto.

Si tu entrenador es mediocre, aléjate. Si establece metas que fácilmente alcanzarás solo para presumir que las has logrado, entonces no es una buena influencia sobre ti. Necesitas a alguien que te impulse hasta lo que tú crees que son tus límites y te brinde las herramientas para romperlos.

Si es orgulloso y no sabe escuchar otras opiniones, aléjate. Un buen entrenador debe reconocer cuándo es necesaria una segunda opinión o cuándo se requieren aportes de expertos en diversos temas. Debe aceptar, recibir y utilizar de buena forma toda la información que, en un momento dado, llegue de otras fuentes.

Ah, y no te confundas, no esperes que tu entrenador se convierta en tu amigo. Estoy de acuerdo con que en ocasiones sucede, y está bien, pero a mí me gusta mantener esos temas separados para evitar confusiones y mezcla de sentimientos. Como dicen en mi pueblo: "*Jale* es *jale*" o, lo que es lo mismo, no se mezcla el trabajo con el placer.

Asumiendo que lo que quieres es mejorar continuamente para seguir avanzando en tus proyectos, entonces, definitivamente, tienes que contar con uno o varios entrenadores. Por lo común, creemos que con pedir la opinión de la gente que nos rodea es suficiente para mejorar: "Comadre, ¿cómo lo hice?", "¿me das tu opinión?", "*vato*, te pasé mi presentación de ventas, échale un vistazo y me dices qué onda, ¿va?". Pareciera ser una buena idea, pero en realidad, no lo es. Lo usual es que las personas a las que les pidas retroalimentación te brinden comentarios muy vagos, los cuales difícilmente serán de ayuda; además, tratarán de ser amables contigo, por lo que no expresarán lo que realmente piensan: es parte de nuestra naturaleza humana, pero eso en estos momentos no nos sirve. Hay un estudio reciente, realizado por la Escuela de Negocios de Harvard (Harvard Business School), en el cual participaron doscientas personas. A algunas de ellas se les pidió que dieran retroalimentación sobre una aplicación de trabajo, a otras se les pidió que ofrecieran consejos sobre la misma aplicación. Los que estaban a cargo de la retroalimentación realizaron comentarios vagos, confusos, evitando comentar fallas en la aplicación y brindaron solo frases de elogios. Sin embargo, a quienes se les pidió que dieran un consejo, presentaron información crítica, concisa y fácil de utilizar e implementar. Incluso, reconocieron un treinta y cuatro por ciento más de las áreas de oportunidad y un cincuenta y seis por ciento más de formas de mejorar la aplicación. Los investigadores obtuvieron los mismos tipos de resultados en otros tres estudios adicionales.

Lo que pasa es que cuando pedimos retroalimentación lo que en realidad estamos buscando es sentirnos validados. A quien se lo preguntamos, la mayoría de las veces, sabe eso o lo intuye. Por otro lado, cuando pedimos consejos bajamos nuestra guardia y mostramos auténtico deseo por mejorar. Las personas así lo entienden, por lo que participan con más energía y tratan de ser específicos para de verdad ayudarte.

¿Qué quiero decir con esto? Que un buen entrenador siempre tendrá la visión de brindarte consejos. Por naturaleza, el entrenador es tu maestro, por lo que de él debes esperar siempre consejos, consejos y consejos. Y tú posees la capacidad para recibirlos siempre con humildad, interpretarlos y hacerlos tuyos para crecer en conocimientos.

Algunas características de un buen entrenador:

- ★ Te inspira a mejorar, a realizar cambios y a mantenerte en el buen camino.
- ★ Cree en ti.
- ★ Establece una comunicación adecuada.
- ★ Mantiene la motivación.
- ★ Genera compromisos.
- ★ Establece reglas y límites.
- ★ Brinda la retroalimentación adecuada.
- ★ Escucha con atención tus opiniones.
- ★ Sabe cambiar de plan cuando algo no funciona.

@reginacarrot

CAPÍTULO 23

Octavo asalto: ser la víctima vs. crear tu destino

¡Uy! Nos encanta hacernos la víctima. En eso sí somos expertos. Quizá está en el ADN de nuestra especie, quizá es la onda cultural de nuestros países. Quizá lo hemos aprendido o adoptado como esas **malas** costumbres que, con el uso masivo y de pronto, se hacen **comunes**.

Nos encanta llorar, hacer drama, latiguearnos el lomo, cortarnos las venas con una hoja de papel. Es fácil y quizá, a veces, hasta divertido. Somos expertos en sentir autocompasión cuando fallamos. Perdemos la confianza y hasta la habilidad para adaptarnos y aceptar el fracaso, lo cual provoca que nos quedemos atorados en el pozo. Desde allí, lo más fácil es quejarnos, montar un drama y hacernos las víctimas. Ahí es cuando empiezan las excusas:

★ Tengo una suerte pésima.
★ La situación del país está muy complicada.
★ Mi rival es más grande que yo.
★ No tenía tanto dinero para invertir.
★ No tengo tiempo.
★ Es que yo no sabía.

- ⭐ Nadie me avisó.
- ⭐ No estaba en las instrucciones.
- ⭐ No lo explicó el maestro.
- ⭐ No había ningún anuncio.
- ⭐ El mercado cambia muy rápido.
- ⭐ Él tiene mejor software.
- ⭐ Mi computadora es muy vieja.
- ⭐ Hay mucha competencia.

Y así, con cientos de excusas más.

Siempre elige levantarte, seguir luchando. Aquí arriba, afuera del pozo, es donde la vida sucede. Si te quedas allá abajo, en la lona, nada bueno va a pasarte.

Sigue avanzando. Nadie ha dicho que acertarás a la primera, quizá ni a la centésima vez, pero las decisiones que tienes que hacer mientras avanzas las debes tomar tú, es tu vida. Está claro que siempre es un buen momento para recibir un consejo de los mayores, de los amigos o de los entrenadores, eso ya lo hemos comentado. Aquí a lo que me refiero es que las decisiones de tu vida las tomes tú, que construyas tu destino y no seas una simple hoja de papel que se deja llevar por el viento. Sé quien tome las decisiones. Levántate y vuelve a trabajar en tu proyecto. Es un mundo difícil y competitivo: nada va a suceder fácilmente, créeme.

Establece las metas, las cortas y las largas. Tú puedes moldear el camino. Ya sabemos que quizá tengas que hacer cambios y ajustes, pero tener metas claras te ayuda a mantenerte enfocado, motivado y activo.

Actúa con base en tus sueños. No seas de los que dicen que quieren ganar el premio Nobel de Física y se meten a estudiar administración. Sé coherente. Sé consciente de tu realidad, de tus habilidades y gustos; no pierdas el tiempo tratando de ser alguien que en realidad no eres. Por ejemplo, no porque a todos tus amigos les guste ir a festivales de música significa que a ti también te tiene que gustar. No pierdas tiempo en cosas que no se alinean con tus sueños, tus principios y tu realidad.

Crear tu destino también significa cambiar, aprender y crecer. Para esto tienes que aceptar las críticas que te llegan. En estos tiempos de alta competencia, de tecnología, en donde desde las redes sociales uno puede ser escuchado por millones, es imposible trascender y triunfar solo. Ya hablamos de la importancia de rodearte de buenos amigos, de un buen entrenador, y aquí me gustaría agregar tu habilidad para aceptar críticas y consejos de ellos, así como de tu familia y seres queridos. Nadie te conoce, a excepción de ti mismo, mejor que ellos; así que escúchalos con atención, agradéceles su retroalimentación y aplica sus consejos. Estoy segura de que encontrarás mucha sabiduría que te ayudará a alcanzar el éxito en tu proyecto.

Crear tu destino también es alejarte de la mala vibra. Tienes que aprender a huir de la negatividad y la envidia. Quedarte en círculos negativos, que incluso pueden ser de familiares y amigos, no va a aportar nada a tu proceso de crecimiento y avance. Esa energía negativa afecta, detiene y perturba. No te quedes ahí por lástima. No tienes que salvar a nadie más que a ti mismo. Así que, *bye bye* a la mala vibra.

Crear tu destino significa no conformarte. No elijas metas fáciles. Muévete más rápido, brinca más alto, crece. Exígete cada vez más. Sal de tu zona de confort o del hábito de ponerte metas cortas o fáciles de alcanzar. Explota tu potencial en su totalidad. Trázate metas trascendentales que demanden todo tu corazón porque, solo al conquistarlas, se encuentra la verdadera felicidad.

Para terminar este capítulo, te voy a contar la historia de un general japonés que había decidido enfrentar a un ejército mucho mayor que el suyo. Camino a la batalla, se detuvieron en un lugar sagrado. Después de orar con sus hombres, el general sacó una moneda y les dijo que la lanzaría al aire para revelar el destino:

—Si cae cara, ganaremos; si es cruz, perderemos la batalla —dijo.

El general lanzó la moneda. Todos observaron atentos que cayó cara. Los soldados celebraron, estaban eufóricos y emocionados. Fueron a la batalla y pelearon con vigor hasta que vencieron a su rival. Después de la batalla, un teniente le digo al general:

—Nadie puede cambiar el destino.

—Es verdad —le contestó el general mientras le mostraba al teniente la moneda, que tenía cara por los dos lados.

Recuerda: a pesar de todo, y sobre todas las cosas, solo tú construyes tu destino.

 Elige la acción en lugar del llanto

Te vas a caer, eso es seguro. Tienes dos opciones: **Te quedas ahí llorando,** dando excusas y causando lástima o te levantas y, a pesar de todo, **sigues en la lucha.**

@reginacarrot

CAPÍTULO 24

Noveno asalto: lealtad vs. traición

Lealtad es comprometerse y obligarse con uno mismo, con los demás y con las ideas y creencias propias. Y, como todo compromiso, en ocasiones es difícil mantenerlo y cumplirlo. Es una de las cualidades más respetables del ser humano. Es una virtud; por lo tanto, debemos trabajarla y desarrollarla de manera consciente. Quien falla a la lealtad es un traidor. En pocas palabras, ser leal es cumplir con lo que hemos prometido, incluso en las situaciones más adversas.

A quien primero tienes que serle leal es a ti mismo. Primero que nada tienes que comprometerte contigo mismo a cumplir una meta y, sobre todo, con la manera en que quieres hacerlo. Después, tienes que ser leal a tus sueños, a tus causas, a tus valores y principios, a tu equipo de trabajo, a tu entrenador. De nada sirve, por ejemplo, que un atleta haya ganado una medalla de oro si utilizó drogas para mejorar su desempeño. Es decir, si traicionó los fundamentos de ser un buen deportista, se traicionó a sí mismo y no logró las cosas con su propio esfuerzo.

La lealtad tiene que estar presente en una relación de pareja, en una amistad, en los negocios, en todo. La lealtad es un valor principal que, tristemente, en estos tiempos, pareciera que cada vez menos personas ponen en práctica. Pero aquí, en el Club de los Fracasados, creemos en la lealtad. Por supuesto, si exiges lealtad, pues tienes que devolver lo mismo.

Mira esta frase de quien fuera secretario de Estado y consejero de Seguridad Nacional de los Estados Unidos:

> **EL ÉXITO ES EL RESULTADO DE LA PERFECCIÓN, TRABAJO DURO, APRENDIZAJE DE LOS FRACASOS, LEALTAD Y PERSISTENCIA.**
> —COLIN POWELL

Pareciera que esta idea resume los conceptos que hemos tocado. Aquí me llama la atención que Powell también incluye el tema de la perfección, lo cual podría ser fácilmente debatible, pero supongo que usa ese término influenciado por su educación y perfil militar. Pero en los temas de trabajo, aprendizaje de los FRACASOS, lealtad y persistencia, estamos totalmente de acuerdo.

Siempre que me toca hablar de este tema en mis conferencias, les cuento esta historia que es de mis favoritas. Es superconmovedora:

Un insurrecto había sido condenado a morir en la horca. El hombre tenía a su madre viviendo en un poblado lejano y quería despedirse de ella antes de morir. Le pidió al rey que lo dejara ir a verla. El monarca solo puso una condición: que un rehén ocupara su puesto mientras permanecía ausente y que en el supuesto caso de que no regresara este fuera ejecutado en su lugar. El insurrecto recurrió a su mejor amigo y le pidió que ocupara su lugar. El rey le dio un plazo de siete días: si en ese tiempo el condenado no regresaba, entonces el rehén sería ejecutado.

Pasaron los días, cuando se cumplió el sexto, se levantó el patíbulo y se anunció la ejecución del rehén para la mañana del día siguiente. El rey preguntó a los carceleros por el estado de ánimo del rehén temporal y estos respondieron:

—¡Oh, majestad! Está verdaderamente tranquilo. Ni por un momento ha dudado de que su amigo volverá.

El rey sonrió con escepticismo.

Llegó la noche del sexto día. La tranquilidad y la confianza del rehén resultaban asombrosas. De madrugada, el monarca nuevamente indagó sobre el rehén y el jefe de la prisión dijo:

—Ha cenado con tranquilidad, ha cantado y está extraordinariamente sereno. No duda de que su amigo volverá.

—¡Pobre infeliz! —exclamó el monarca.

Llegó la hora de la ejecución. Había comenzado a amanecer y era ya el séptimo día.

El rehén fue conducido hasta el patíbulo. Estaba relajado y sonriente.

El monarca se extrañó al comprobar el estado de ánimo del rehén. El verdugo le colocó la cuerda al cuello, pero él seguía sonriente y sereno. En el justo instante en que el rey iba a dar la orden para la ejecución, se escucharon los cascos de un caballo. El insurrecto condenado había regresado justo a tiempo. El rey, emocionado, les concedió la libertad a ambos hombres.

¡Me encanta esta historia! Hay muchos mensajes: la confianza del rehén temporal en su amigo, la honestidad del condenado al regresar, la bondad y el perdón del rey al concederles la libertad a ambos.

✦ Logra tus metas ✦

Si aplicas estos valores en tu diario vivir —lealtad, honestidad, bondad y perdón—, estoy segura de que irás conquistando cada vez metas y logros mayores.

@reginacarrot

CAPÍTULO 25

Décimo asalto: corazón vs. todo

En resumen, lo único que necesitas es corazón para luchar. Habrá quien diga que el dinero ayuda a lograr una meta. Otros dirán que si no tienes contactos, no podrás lograr nada, que eres un cero a la izquierda, perdido en este mundo donde valen más las influencias y las relaciones. Y algunos dirán que sin educación estás condenado a vivir una vida mediocre y sin superación económica. Discúlpenme, pero estas tres corrientes están totalmente equivocadas. El corazón lo supera todo. Lo he aprendido aquí en el **ring** del Club de los Fracasados; mejor dicho, donde lo he aprendido ha sido en la lona de este **ring**. En esta lona me he dado cuenta de que lo único que se requiere es corazón. Es el arma más poderosa que tenemos, es lo único que nos hace falta para enfrentar cualquier problema o reto. Chequea lo maravilloso de todo esto: que la herramienta más importante que se necesita para ser un triunfador ya está en nosotros. Solo debes desarrollarla, pero ya está en ti. Fuimos programados, creados para triunfar, para aprender, para avanzar, para ser bondadosos, para ayudar, para ser felices.

Ahora, no digo que porque esté en nosotros sea algo fácil. Como todo en esta vida, se requiere esfuerzo y trabajo.

También vas a necesitar valor para mirar a tu corazón realmente y verte ahí reflejado. Si hay costras o corazas, tendrás que restregar con fuerza para eliminarlas. Si hay heridas, deberás cuidarlas para que sanen. Pero tendrás que llegar exactamente hasta tu corazón, y desde ahí reconocer quién eres en realidad. Reencontrarte con tu auténtica naturaleza, la cual tenías quizá un poco olvidada. Tienes que reconectar contigo mismo para de ahí obtener toda la energía que necesitas, para que tu corazón sea el que te mueva y te impulse.

Reconectar incluye aceptarte a ti mismo. ¿Suena fácil? Sé que muchas veces no es nada sencillo. La autoaceptación es la habilidad de valorar todas tus partes de forma incondicional. Esto significa que valoras las partes buenas, pero también las que consideras que necesitan mejorar. El proceso de autoaceptación empieza por reconocer los juicios en tu contra, sobre todo los que tú mismo te haces, y mitigarlos para que puedas valorar cada una de tus partes. Además, es importante comprometerte a cambiar la forma en que te enjuicias: bájale el volumen a tu culpa y súbeselo a la tolerancia y compasión.

Para aceptarte tienes que conocerte. Aquí te propongo unos pasos que te ayudarán en este proceso:

RECONOCE TUS FORTALEZAS. Repasar tus fortalezas te ayudará a reconocerte de nuevo. Aunque suene raro, a veces nos olvidamos de quién y cómo somos en realidad. Realiza una lista de tus fortalezas. Por ejemplo:

- ⭐ Soy una persona amorosa.
- ⭐ Soy creativa.
- ⭐ Soy muy buena haciendo cálculos financieros.

★

HAZ UNA LISTA DE TUS LOGROS. Identifica ahora tus logros. Es probable que estén ligados a tus fortalezas. Por ejemplo:

- ★ Cumplí mi sueño de correr un maratón después de cinco meses de duros entrenamientos.
- ★ Terminé mi preparatoria a pesar de que todos decían que nunca lo iba a lograr.
- ★ Obtuve el mejor promedio de mi carrera.
- ★ Logré terminar mi maestría.
- ★ Fui un buen apoyo para mi padre cuando se quedó sin trabajo durante seis meses.

★

RECONOCE DE QUÉ FORMA TE JUZGAS. Es importante reconocer cómo te juzgas, cómo te hablas. La culpa, el arrepentimiento y la vergüenza van en contra de la autoaceptación. Escribe una lista de pensamientos negativos que podrías tener sobre ti mismo. Por ejemplo:

- ★ No tomo decisiones muy inteligentes.
- ★ Suelo tomar a pecho lo que me dicen.
- ★ Guardo rencor por mucho tiempo.
- ★ Mi cuerpo es horrible.
- ★ Hablo como un idiota.

★

RECONOCE CÓMO TE AFECTA LO QUE DICEN OTRAS PERSONAS. Cuando otras personas nos juzgan o critican, solemos convertir esos juicios en creencias sobre nosotros mismos. Por ejemplo, si tus padres siempre te dijeron que tenías una boca fea, es muy probable que te sientas mal o al menos inseguro respecto a tu boca; incluso respecto a todo tu rostro. Sin embargo, cuando entiendes que sus críticas se basan en sus propias inseguridades, entonces puedes desechar sus palabras y el efecto que tienen en ti.

PERDONA. Perdonarte te ayuda a olvidar lo que te duele del pasado. Perdonarte te ayuda a liberarte y, por lo tanto, a que sea más fácil aceptarte. Perdonarte es empezar otra vez, es desarrollar nuevos ángulos de visión y de percepción más compasivos y tolerantes.

Entiendo que no es fácil, a veces una parte de nosotros pareciera que no quiere olvidar. Lo vimos en páginas anteriores: nos gusta quedarnos sufriendo con algo que ya sucedió. A veces preferimos sentimientos *conocidos* como la culpa, que quizá llevamos cargando por años, antes que aventurarnos a sentir algo nuevo.

Perdónate. Te juro que es liberador. Es una manera superpoderosa de *reiniciarte*. Quizá te estás enjuiciando con el nivel de conocimientos y de madurez que tienes en la actualidad, pero sobre un error que cometiste hace años. No es un juicio justo y, sobre todo, no tiene ningún beneficio que lo hagas. Perdónate. A muchas personas les funciona escribirse una carta a sí mismos o a su *yo* del pasado. Otros realizan ejercicios de introspección. Algunos meditan. Otras personas buscan ayuda profesional. Realiza la actividad que creas necesaria para poder perdonarte y, que así, después del proceso de autoconocimiento, de reconocimiento y de perdón, surja una nueva versión de ti más fuerte, más poderosa y, sobre todo, más libre.

★

Una vez realizado este proceso, te sentirás conectado con tus fuerzas interiores. En esas frecuencias se puede decir que eres capaz de todo: has conectado con tu corazón y desde ahí suceden cosas mágicas. Me viene a la mente la historia de David y Goliat. David, contra todo pronóstico, venció a su rival. En el box y en muchos deportes hemos visto una infinidad de ejemplos en donde el competidor que todos consideran más débil es el que acaba venciendo al favorito. A fin de cuentas, en esta vida, como decíamos al principio de este capítulo, el corazón le gana a todo.

Ahora depende de ti que tengas la valentía de utilizarlo.

ERES
imparable

CUARTA PARTE

En la
esquina

CAPÍTULO 26

La famosa milla extra

Quizá has escuchado la frase que dice: "Recorre la milla extra". Esta frase se refiere a realizar un esfuerzo especial o adicional para alcanzar algo. Por años, este enunciado ganó popularidad, principalmente entre deportistas y en especial entre los corredores, por motivos obvios. Y bueno, aquí en el Club de los Fracasados ya hemos hablado acerca de realizar tu máximo esfuerzo; por lo tanto, ha queda claro que estamos de acuerdo con recorrer la milla extra.

Con el paso de los años, esta frase ha ido evolucionando. Paula Abdul, una famosa cantante y actriz de la década de los noventa, hizo popular una versión cuando, en un programa de televisión dijo: "En la milla extra no hay tráfico". ¡Pum! ¡Claro, es cierto! Esta adaptación catapultó la fama de dicha frase. ¿Y cómo no, verdad? Nosotros, los miembros de este club que hemos peleado batallas y nos hemos levantado, sabemos que no todos hacen ese esfuerzo extra, ¡sabemos que muchos se rinden en el camino! No llegan ni siquiera a la pelea final; por lo tanto, hemos visto con nuestros propios ojos que somos pocos los que hacemos el esfuerzo extra, los que recorremos esa milla adicional.

Es que una milla extra suena fácil, suena a poco, ¿verdad? Pero no lo es. Una milla más, después de correr veintiséis, es como si tuvieras que subir una montaña. Un mes más, cuando llevas intentándolo dieciocho, es complicado. Un video más, cuando has hecho ochenta y nueve y nada sucede... En realidad, hacer ese sacrificio extra es complicado, por eso hemos constatado que: "En la milla extra no hay tráfico" porque somos pocos los que llegamos hasta ahí dispuestos a dar un poco más.

Pero ¿qué ha pasado ahora en estos tiempos de tecnología, de información, de comunicación inmediata, de recursos más accesibles? Todo es más fácil de hacer que hace unos años. Hay más competidores en el mercado. Antes, solo algunos afortunados podrían expresar sus palabras en periódicos. Los reporteros y columnistas eran poderosos porque sus ideas se esparcían en medios impresos, eran respetados. Hoy en día hay millones de nuevos "escritores" y "reporteros" que pueden expresar e intentar difundir sus mensajes. Las redes sociales les han dado ese poder. ¿Publicar un libro? Pfff, fácil, hay cientos de formas. ¿Qué sucede en los negocios, en los sueños, en los retos? Cada vez hay más personas queriendo hacer lo mismo, luchando por lo mismo. Es como si el mundo se hubiera hecho más pequeño y fuera más accesible. Incluso en el monte Everest, la montaña más alta del planeta, en los últimos tres años se han presentado aglomeraciones de alpinistas. ¡Ha habido tráfico en el camino a la cima! Filas de alpinistas parados a unos pocos pies (metros) de la cumbre, esperando su turno para subir los últimos peldaños y llegar al punto más alto de la tierra. Esto ha provocado el caos en muchas expediciones.

Si el Everest está así, qué podemos esperar de sueños un poco más comunes. Esta situación ha llegado a tal grado que ahora pienso que "en la milla extra, sí hay tráfico". ¿Cómo te suena esta nueva adaptación que he hecho? ¿Te parece lógica? ¿Aplica para tu sueño o proyecto?

Claro que hay tráfico. Cada vez hay más personas realizando esfuerzos más extraordinarios. Cada vez hay músicos más jóvenes, empresarios con más experiencia y preparación, ejecutivos que hablan más idiomas de los que alguna vez imaginaste... Se trata de personas con una inteligencia sorprendente, personas con voluntad que han provocado cosas increíbles. Más, más, más. Cada vez es más difícil. ¿Esto nos va a detener? Por supuesto que no. Aquí, en el Club de los Fracasados somos fuertes y desarrollamos nuestras habilidades para seguir creciendo, pero lo que sí es un hecho es que "hoy en día, en la milla extra, sí hay tráfico".

¿Entonces? ¿Qué significa esto? ¿Qué tenemos que hacer si en la milla extra hay tráfico? Ajá, ir dos millas más. Seguir después de la milla extra. Avanzar hasta donde sea necesario. Entonces, haremos una adaptación aquí en nuestro club: iremos dos millas más.

Si después de diez intentos no lo hemos logrado, haremos dos más.Si después de diez intentos no lo hemos logrado, haremos dos más. Si al año sientes que estás totalmente agotado, intentarás dos meses más.

Si estás en la lona y solo esperas que la cuenta llegue a diez para que se declare tu derrota, vas a poner los guantes en el piso y te irás levantando lentamente porque ya sabes que siempre, en un rincón de tu espíritu, hay una reserva de energía. Los del club, los valientes de espíritu, tenemos el valor de indagar, de cavar hasta llegar a ese lugar de nuestro interior levantarnos, e intentarlo. Vamos a avanzar hasta que nos llamen locos, hasta que nos digan que paremos, hasta que veamos el objetivo, ¡hasta que crucemos la meta!

¡Dale con todo! Dos millas más. Un intento más. Un examen más. Un entrenamiento adicional. Un libro, un curso, una charla, un video, un escrito, un esfuerzo, un abdominal, una subida, una montaña, una materia, una sesión, un semestre, una junta, una vuelta, un discurso, una sesión, una mañana, un día, un mes, un año, una década, un lustro, un segundo MÁS. ¡Dale! Si te sigues moviendo, estás más cerca. Si estás intentando, estás más cerca.

El poder está en ti

Recuerda que nadie hará las cosas por ti, unos porque no quieren, otros porque no les importas, algunos porque no pueden, muchos porque están ocupados viviendo sus vidas y hasta unos cuantos porque saben que te harán un daño si te ayudan; así que, por favor, recuerda que **nadie hará nada por ti**, tú eres el único que puede provocar que sucedan. ¡Solo tú! Te juro que las cosas no suceden solas. No esperes un soplo de suerte. Aunque no niego que existan, no puedes deambular por tu vida y tus sueños esperando un momento de suerte. ¡No señor, no señora! Tienes que vivir intentándolo, trabajando, luchando con todo: es la única manera de alcanzar tus sueños.

¡Dale!

Aquí, en el Club de los Fracasados creemos en el trabajo duro, no en la suerte.

@reginacarrot

CAPÍTULO 27

Está bien cambiar el objetivo

¡Ojo aquí!, estimado miembro del club. No te confundas. Cuando hablo de luchar, luchar y luchar, no significa ser un terco que no escucha razones. No. Cuando digo que hay que seguir luchando, va implícito —ya lo hemos comentado en varias ocasiones— que durante la lucha hay que ir corrigiendo, hay que ir aprendiendo. Significa que tienes que ser humilde para recibir consejos, para escuchar. Lo único que NO significa es que te des por vencido.

Una cosa es reconocer que perdimos una batalla, otra muy diferente es rendirte.

A veces hay que reconocer que tenemos que hacer ajustes dramáticos, de hecho se vale descubrir que ahora deseamos cambiar el sueño o la meta. Claro que es válido mientras no dejes de luchar, de intentarlo, de superarte.

★ Está bien fallar.
★ Está bien no saber a dónde vas.
★ Está bien sentirte confundido.
★ Está bien llorar.
★ Está bien tener miedo.

★ Está bien dudar.

★ Está bien estremecerte.

★ Está bien reinventarte.

★ Está bien perder.

★ Está bien tomarte un descanso.

★ Está bien perder. Está bien perder. Está bien perder.

Recuérdalo bien: está bien perder. Pero no significa que una derrota provocará que te rindas. ¡Por supuesto que no!

Está bien sentirte desconcertado. Está bien reconocer que has crecido y madurado y que, por cualquier motivo de entre un millón de razones, ahora quieres otra meta, otro objetivo. Venga, se vale. De hecho, eso es parte del aprendizaje: unos le llaman madurar, otros le llaman aprender a golpes, otros le dicen persistencia. Dile como quieras, solo no te pares. Reajusta. Reenfoca. Reinventa, pero muévete. No te quedes estático. Quien se para, se oxida. Quien se para, envejece. Quien se para, deja de competir.

Sería muy tonto seguir golpeándote contra una pared después de descubrir que es de acero y está blindada. En el camino irás aprendiendo, conociendo y descubriendo una infinidad de variables. Si has descubierto que la pared es de acero blindado, pues sería inútil seguirla golpeando con el puño. Tendrías que buscar otro camino, opción o herramienta. Si te diste cuenta de que habías elegido un sueño equivocado, que no querías ser músico, sino cantante o ingeniero o astronauta, ¡no importa!, solo no te des por vencido. Está bien perder. Está bien equivocarte. No pasa nada mientras sigas intentándolo. Regresa, planea de nuevo. Escucha a tu corazón, métele mente al nuevo plan, implementa todo lo que aprendiste y lánzate de nuevo.

No confundas persistencia con terquedad.

EL SECRETO DEL ÉXITO ES PERSISTENCIA POR LA META.

—BENJAMÍN DISRAELI

La persistencia es sinónimo de firmeza, empeño en la ejecución, permanencia en la actividad, constancia. La terquedad no escucha razones ni cambia de actitud o de parecer aunque existan argumentos convincentes en su contra.

No seas terco. Se persistente.

Este tema me hizo recordar la historia de Demóstenes. Cuenta la leyenda que el joven griego Demóstenes soñaba con ser un gran orador; sin embargo, este sueño parecía imposible si se considera la realidad que vivía el joven. Su trabajo era humilde, pasaba bajo el sol largas y extenuantes horas. No tenía la suficiente educación como para animarse a tener un sueño de ese tipo. Tampoco tenía dinero para educarse ni ningún conocimiento relacionado con la oratoria. Además, poseía otra gran limitación: era tartamudo. Sin embargo, nada de esto impidió que tuviera ese sueño.

Demóstenes sabía que la persistencia y la tenacidad son poderosas. En algún momento, logró asistir a los discursos de los oradores y filósofos más prominentes de la época. Hasta tuvo la oportunidad de ver a Platón dando un discurso.

Tiempo después, pudo realizar su primera presentación, la cual fue un desastre. Apenas llevaba unas palabras y fue interrumpido por groseros reclamos del público.

—¡No repitas las palabras, tartamudo! —le gritaban y se escuchaban carcajadas de burla en todo el lugar.

—¡No te escuchamos!

—¿Por qué hablas tan bajo?

—¡Tiene miedo! ¡Tiene miedo!

Ante esa situación, el joven Demóstenes se puso aún más nervioso. Su tartamudeo se incrementó hasta que se quedó callado y tuvo que retirarse del escenario entre protestas, burlas y abucheos. Ni siquiera logró llegar a la mitad de su discurso.

Después de esa situación, muchos se hubieran dado por vencidos, pero Demóstenes no lo hizo, a pesar de que no faltó quien le sugiriera que se dedicara a otra cosa y otros lo siguieran humillando. En vez de sentirse desanimado, tomaba esos ataques como motivación, como energía para volver a intentarlo. Ante la derrota y el enojo se agrandó, se llenó de fuerzas. Decidió ajustar, planear mejor, prepararse más y volver a tratar. Hizo un compromiso consigo mismo de hacer todo lo necesario para superar las adversas circunstancias que lo rodeaban.

Se afeitó la cabeza para así resistir la tentación de salir a las calles. De este modo, día a día, se aislaba y practicaba día y noche. En los atardeceres, corría por las playas gritándole al sol con todas sus fuerzas para así ejercitar sus pulmones. Más entrada la noche, se llenaba la boca con piedras y se ponía un cuchillo afilado entre los dientes para forzarse a hablar sin tartamudear. Pasaba horas frente a un espejo para mejorar su postura y sus gestos.

Así pasaron años antes de que reapareciera frente a la asamblea, realizando un magistral discurso judicial para defender a un padre de familia a quien sus familiares le querían arrebatar su fortuna. En esta ocasión, la seguridad, la elocuencia y la sabiduría de Demóstenes fue aclamada por el público y recibió una ovación de pie. Su persistencia transformó las piedras del camino en rocas sobre las cuales levantó sus sueños. Demóstenes llegó a ser un elocuente orador; de hecho en uno de los más relevantes de la historia. Más tarde, se convirtió en un importante político ateniense.

Si te equivocas, corriges. Si estás cansado, descansas. Y por supuesto, si te caes, te levantas. Así que si ahora reconoces que ya no quieres aquello que por mucho tiempo estuviste seguro de anhelar, ten el valor de cambiar el rumbo: de nada sirve seguir teniendo batallas y esforzándote en pos de algo que ya no quieres en realidad.

🥊 No te rindas 🥊

La clave es que nunca dejes de luchar por tu sueño. Ven al *ring*, ven al gimnasio del Club de los Fracasados, aquí siempre estamos intentándolo.

@reginacarrot

CAPÍTULO 28

No estás solo, aunque a veces lo parezca

Te tengo una buena noticia: no estás solo. De hecho, nunca estás solo, aunque sé que en ocasiones así te sientes. Por eso quise escribir este capítulo, justo para esos momentos.

Te aseguro que cuando te sientes **totalmente solo**, no lo estás. Cuando crees que eres el único en millones de millas a la redonda, perdido en medio de una tormenta que lanza con fuerza vientos, granizo y lluvia contra tu rostro, incluso ahí, no estás solo.

Aunque sea muy difícil de creer y me taches de ilusa o ingenua, en este momento te lo repito: **no estás solo**. Siempre habrá alguien que crea en ti. **¡siempre!** Siempre aparecerá alguien que tenga fe en ti.

"Por Dios, Regina, es que tú no conoces mi situación". "Es que, Regina, qué linda, pero no sabes todo lo que me ha sucedido". "Es que, Regina, yo no tengo familiares ni amigos". "Es que, Regina, llevo años huyendo de la violencia familiar". "Es que, Regina, siempre he fracasado". "Es que, Regina, toda la vida se han burlado de mí". "Es que, Regina, nunca he logrado algo importante". "Es que, Regina, no solo no he ganado, sino que siempre llego en último lugar". "Es que,

Regina, no solo no he ganado, sino que ni siquiera he tenido el valor para participar". "Es que, Regina, mis padres toda la vida se han burlado de mí, me dicen que soy un inútil". "Es que, Regina. Es que, Regina. Es que, Regina...".

Es que nada. Lo siento, pero tienes que leer bien esto: respira hondo durante treinta segundos y luego regresa aquí. Ve, anda, respira profundo, aquí te espero...

¿Ya? ¿Treinta segundos de respiraciones profundas?

Te juro que siempre habrá alguien que crea en ti. Créeme, no estás solo.

Quizá no aparezca en el momento que creías necesitarlo. A lo mejor no es la persona que esperabas ni sucede de la forma en que lo habías imaginado. Incluso, es posible que nunca te lo diga, pero siempre alguien, en algún momento, en algún lugar, creerá en ti. Siempre habrá una persona que te llene de buena vibra. Siempre aparecerá quien te desee el bien y el éxito. Alguien llegará con una palabra mágica o con un abrazo lleno de empatía. En algún momento, recibirás una señal, un guiño, un mensaje, un emoji que te harán sentir que alguien está contigo, que quiere verte triunfar y te desea todo el bien de este mundo. ¿Por qué? No sé por qué, pero existe. Es real que esto sucede cuando estás realizando un esfuerzo auténtico, sin pretensiones ni falsedades. Cuando estás haciendo algo con el corazón, *siempre* conectarás con alguien. Quizá esa es nuestra verdadera naturaleza, quizá es la forma en que, en realidad, los humanos estamos conectados. No sé, pero siempre, te lo aseguro, habrá alguien que se conectará con tu sueño, te deseará el bien y, de una forma u otra, estará contigo.

¿Qué tienes que hacer cuando esto suceda? ¡Disfrútalo, te lo pido, por favor! Recíbelo lleno de emoción. Absorbe toda esa energía que es electricidad pura. Son *megawatts* de amor, y ya sabes que de eso vas a necesitar mucho en el camino hacia tus sueños. No lo cuestiones, simplemente recíbelo, agradécelo y absorbe con amor esa buena vibra.

Pero ¡ojo con esto!: tienes que estar alerta para poder encontrar esos mensajes, a esas personas. Si andas perdido en nubes de falsas apariencias, poses pretenciosas y te conviertes en alguien fanfarrón, no los vas a detectar. Si estás ahogado en mortificaciones o estrés, si una gota de agua la conviertes en una tormenta, si estás miope perdido con una visión corta y aturdido por las formas, no vas a detectar a esas personas. ¡Avívate! ¡Atento! Tienes que descubrir estos momentos. Son como paradas de emergencia en las que recibes la carga de energía. Solo recuerda algo: quizá no ocurra ni en la forma ni en el momento que esperabas, ni sea la persona que supones. A veces pasa después de lo planeado y es una persona que ni siquiera conoces. El reto es mantenerte vigilante para detectar esos guiños.

No estás solo

Si estás haciendo un esfuerzo honesto, siempre habrá alguien que te apoye y crea en ti. No estás solo y eso es muy poderoso.

@reginacarrot

CAPÍTULO 29

El poder del agradecimiento

Agradecer es más poderoso de lo que creemos. La gratitud es mucho más que una regla de etiqueta y ser agradecido atrae cosas buenas. Un estudio de la Escuela de Medicina de la Universidad de California en San Diego encontró que las personas que estaban más agradecidas en realidad tenían una mejor salud cardíaca; específicamente, menos inflamación y ritmos cardíacos más saludables.

Investigadores de las universidades de Utah y Kentucky determinaron que las personas que llevan un diario de gratitud tienen una ingesta reducida de grasa en la dieta, que puede ser de hasta un veinticinco por ciento menos. Las hormonas del estrés, como el cortisol, son un veintitrés por ciento más bajas en personas agradecidas.

Gratitud es el sentimiento que experimenta una persona al agradecer. Es uno de los sentimientos más poderosos que puedes usar para atraer la abundancia y el bienestar a tu vida. Sin importar quién seas o dónde estés, la gratitud tiene el poder de eliminar todo tipo de negatividad de tu vida. Al agradecer, colocas tu energía en la frecuencia más poderosa, tus pensamientos son positivos y eso hace que sientas emociones positivas. Cuando estás agradeciendo, no tienes tiempo ni lugar para sentimientos ni emociones negativas; no sientes nada malo, no hay dolor ni penas ni tristeza. Agradecer te coloca en una zona libre de sufrimiento.

Empieza el día poniéndote en buena sintonía y alejándote de pensamientos negativos, arranca agradeciendo. ¿Qué puedes agradecer? Todo lo que tienes. Siempre habrá alguien que tenga menos que tú y que está deseando lo que tú actualmente posees y que tal vez no valoras por estar distraído sufriendo por aquello que aún no has logrado. Agradece que estás vivo, que despertaste, que tienes una cama y un techo. Agradece que sabes leer y tienes alimento. Agradece por la familia, un amigo, el trabajo, un momento de descanso, tu libertad, tu cuerpo, tus estudios, tus sueños, las lecciones, la habilidad de sentir, tu salud, tus fortalezas, el amor, la inteligencia. ¿Tienes dudas acerca de qué más puedes agradecer? ¿Crees no tener mucho por lo cual dar las gracias? Entonces, observa a tu alrededor en este momento o cada mañana o noche cuando hagas tu ejercicio de agradecimiento. Mira durante un minuto alrededor, estoy segura de que encontrarás aspectos, dones o personas por los cuales debes agradecer. Dale.

Te reto a que experimentes cuán poderoso es este acto que, quizá por su simpleza, tendemos a menospreciar y olvidar. Yo, en este justo instante, te doy las gracias a ti por estar aquí conmigo leyendo este libro. Gracias por leerme, escucharme y mandarme buena vibra.

La gratitud atrae gratitud

Al agradecer, atraes de manera muy fuerte energías similares a tu vida, que provocarán que aquello que agradeces siga creciendo y multiplicándose. Agradecer es un círculo virtuoso.

Lo que atrae energías positivas no es el pensamiento, sino el acto de agradecer. Primero agradecemos y, como efecto positivo, regresarán más cosas beneficiosas.

@reginacarrot

CAPÍTULO 30

Visualízate

He aprendido que si no me visualizo en la meta nunca la logro. Así de simple. Entonces, cuando me di cuenta de eso, pensé: "¿Qué tanto me cuesta visualizarme?". En teoría, la respuesta rápida sería: nada. Pero no es del todo cierto.

Entiendo que crear una imagen mental, una visualización tal cual de mí arribando a la meta de mis sueños pudiera ser simple. Pero una visualización concreta y poderosa de mí misma cruzando la meta, que pueda recrear en mi mente cuantas veces quiera y en la cual siempre me vea de la misma manera en ocasiones no es tan fácil como suena. Esas dificultades que a veces se presentan al intentar visualizar la conquista del logro las he nombrado *advertencias*. Ajá, así como suena. Después de muchos intentos y caídas a lo largo de mi vida (ya conoces varias de ellas porque te las he revelado en este libro), me di cuenta de que esas dificultades para imaginarme logrando la meta eran una especie de aviso, como señales de advertencia que mi mente, mi espíritu, el destino, las vibras, el universo, Dios o un poco de todo esto me enviaban. Porque, como ya lo comenté, cuando no lograba crear esta visualización mía, simplemente, al final, no lograba mi meta.

Entonces, he aprendido a obedecer esos avisos que, ahora que les presto atención, puedo percibir que siempre vienen acompañados de ruido, de distorsión, de dudas. Intento analizar por qué no puedo lograr el tipo de visualización que deseo, repaso mi plan o proyecto, a veces hasta me pongo a escribir los aspectos generales del mismo, el estatus y los asuntos pendientes. Por lo regular, cuando termino este proceso, si encuentro muchos cabos sueltos, eso significa que mi plan está sustentado en conceptos o situaciones equivocadas u obsoletas, y entonces me dedico a tratar de corregir dichas fallas, intento solucionarlas para mantener el sueño vigente. Aunque en ocasiones he logrado detectar que esas advertencias son sobre errores o desenlaces que ya no se pueden corregir. ¿Y qué pasa? Pues nada, a probar otro camino, otro proyecto, otro sueño. ¿Qué quiero decir con esto? Pues que intentar visualizarnos cruzando nuestra meta es una situación de ganar-ganar porque, como acabamos de explicar, si no logras una visualización clara, concreta y poderosa, es una señal y, por otro lado, si logras realizarla, es una herramienta muy poderosa.

¿Qué sucede cuando sí puedes lograr tu visualización? En un estudio realizado en la Universidad de Michigan, se les dio instrucciones a más de doscientos pacientes en el área de emergencia de cómo podían tratar sus heridas en casa. La mitad de los pacientes recibió solamente instrucciones en forma de texto; el resto, obtuvo el mismo texto, pero con imágenes de los procedimientos. El estudio duró tres semanas y los resultados fueron muy concluyentes: el cuarenta y seis por ciento de las personas que recibieron las instrucciones junto con las imágenes fueron capaces de responder correctamente todas las preguntas sobre su tratamiento; por otro lado, solo el seis por ciento de los que recibieron únicamente texto pudieron responder con éxito a esas mismas preguntas.

Hacer visualizaciones del momento en el que logras tu meta ayuda en tu proceso para lograrlas. Tener imágenes claras es mucho más efectivo que describirlas por escrito o tener pensamientos aleatorios, a pesar de que estos sean positivos. Una imagen del momento en que triunfas es un instrumento poderoso, es pasar el deseo del lado consciente al inconsciente. Es activar y alinear el muy poderoso inconsciente con tu idea consciente de triunfo. Pensar en esta imagen es más eficaz de lo que crees. Es encender una fuente poderosa de energía y buena vibra.

Antes hablamos del poder del agradecimiento; ahora, de la visualización. Estos dos son procesos superpoderosos y depende solamente de ti si los realizas o no. Son simples y fáciles de hacer, no requieren mucho tiempo, solo es necesaria la constancia. Cuando visualices, solo asegúrate de que sea una imagen precisa, detallada y significativa para ti, y que esa misma sea la que utilices siempre. Hay estudios que indican que los pensamientos que tengas durante los últimos minutos antes de dormir se quedan en tu subconsciente más tiempo durante la noche, por eso recomiendan hacer las visualizaciones en esos momentos; sin embargo, a mí me gusta hacerlas varias veces durante el día. Es mi momento de tomar aire, veo la imagen y me ayuda, me hace sentir bien, entonces acudo a esa imagen varias veces durante el día. Te recomiendo que lo hagas así.

❦ Crea tu imagen ❦

Imagina con detalles el momento PRECISO en que estás logrando tu objetivo:

★ El momento de tu graduación, cuando te están entregando el diploma de graduado.

★ El momento preciso en que recibes la noticia de que te dan el trabajo que deseas.

★ Cuando cruzas la meta del maratón.

★ Cuando logras tu objetivo de ahorro.

★ Cuando convences a inversionistas a sumarse a tu proyecto.

★ Cuando recibes el pago de la primera venta de tu negocio.

★ El momento de la inauguración de tu tienda.

@reginacarrot

Elige
tener
un
excelente
día

CAPÍTULO 31

¿Por qué peleas?

Venimos tocando temas como el agradecimiento y la visualización, pero ahora te quiero preguntar por tus motivos. Estoy asumiendo que conoces perfectamente los motivos por los que estás en esta lucha, ¿verdad? Si te pregunto ahora mismo ¿por qué tienes este sueño?, puedes contestar fácilmente con una frase, ¿correcto? Lo óptimo y que espero de ti sería que me dijeras que sí sabes, pero si dudaste un poco, o de plano mi pregunta te desconcertó y te hizo dudar, no te preocupes, no pasa nada. De hecho, por eso quise tocar este tema, porque estoy consciente de que, así como antes hablamos de la visualización y de nuestra capacidad para ajustar o incluso cambiar el sueño, de la misma manera los motivos pueden cambiar por muchísimas razones. Mi intención es que detectes si esto ha sucedido, pues creo que los motivos deben mantenerse firmes durante todo el proceso, durante tu batalla. No quiero que permanezcas en un sueño, proyecto o lucha solo porque es algo que "tocaba" o "ya lo habías decidido". Te invito a que constantemente analices cuáles son los motivos que te hacen mantenerte luchando por ese sueño.

Asegúrate de que lo que te movió a iniciar esta aventura en la que estás siga siendo apropiado para ti y se ajuste a tu manera de pensar y sentir en la actualidad. Los motivos por los que estás involucrado en este sueño deben ser válidos y auténticos para TI y solo para TI. Es lo único que se requiere. Es para ti, es tu sueño, no el de tu pareja ni amigos ni familiares: tú eres la parte más importante de tu sueño.

No está de más decir que dichos motivos deben ser honorables, justos y rectos. Así que asegúrate de lograr tu sueño de una manera legítima y respetable. Pondera siempre los valores, la buena educación y el amor. Cimienta tus motivos sobre estos ejes del bien común, de un bien mayor para ti y para los demás. Y, en el proceso, esparce buena vibra y beneficios para los involucrados y para aquellos cercanos a ti. Cerciórate de que tu sueño trascienda de manera positiva en tu vida, pero también en la de alguien más.

Ahora bien, si te encuentras en la etapa de preparación previa al arranque, entonces estás a tiempo de validar tus motivos para que se ajusten a tus principios y valores. Asegúrate de tener muy clara la razón por la que estás entrando a pelear en este *ring* del club. Si no tienes un propósito claro si es borroso; si en realidad no es realmente tuyo, sino que lo elegiste para *pertenecer* a algo o alguien, o para complacer a alguien más te sugiero fuertemente que reconsideres y analices tus motivos.

Cree en ti

Tus sueños son tuyos. Lo único que se necesita es que creas en ti. Todos los demás que se vayan uniendo, definitivamente, serán de mucha utilidad; sin embargo, solo se necesita que tú creas.

Asegúrate de que tus motivos estén alineados con quien realmente eres y de que tu meta siga vigente.

@reginacarrot

CAPÍTULO 32

Los buenos hábitos

Si queremos sobresalir y lograr grandes metas tendremos que pagar el precio, tendremos que sacrificarnos. Ya a estas alturas está claro que nada sucede de manera gratuita y que todo es consecuencia de nuestros actos. Tendremos que moldearnos, crecer, ser mejores personas. Aquí tienes una lista de hábitos que, a lo largo de los años, me ha ayudado a tener un mejor desempeño en mis proyectos:

★ Levantarme temprano.
★ Escribir las cosas que tengo que hacer y priorizar lo que es realmente urgente.
★ Escuchar más de lo que hablo.
★ Hacer ejercicio.
★ Tomar mucha agua.
★ Hablarme a mí mismo con mensajes positivos: "Soy genial", "bien hecho", "lucí fenomenal el otro día cuando hice aquello".
★ Aprender a decir que no.
★ Decir siempre la verdad.
★ Tener varios sueños a la vez.

- ⭐ Agradecer todo lo que tengo.
- ⭐ Reflexionar o meditar al menos diez minutos al día.
- ⭐ No criticar.
- ⭐ No guardar rencor.
- ⭐ Reconocer lo más pronto posible cuando me equivoco y pedir perdón por ello.
- ⭐ Tener tiempo para actividades que me relajen y disfrute.
- ⭐ Socializar: dedicarle más tiempo a convivir con amigos y familiares.
- ⭐ Restringir el uso del celular: menos pantallas, más humanos.
- ⭐ Leer.
- ⭐ Aprender algo nuevo.
- ⭐ Ser puntual.

Por supuesto, esta lista puede incrementar muchísimo; sin embargo, estos hábitos son los principales que me han ido ayudando a crecer como profesional y como persona.

Te invito a que los trabajes o los implementes en tus rutinas diarias. Algunos son más sencillos de realizar, pero todos causan efectos positivos en tu actitud, en tu vibración y en tu desempeño. Ve incrementando uno por uno, o de dos en dos; no intentes hacer muchos cambios al mismo tiempo. Estoy segura de que tendrás otras prácticas que te han funcionado, lo importante es agregar *herramientas* que nos ayuden a desarrollarnos mejor para nuestros combates, ya que, como lo hemos venido comentando, los rivales cada vez son más difíciles.

CAPÍTULO 33

El valor agregado

En estos tiempos de alta competencia, donde cada vez hay más estándares y los rivales son más poderosos, tienes que sobresalir. Tienes que destacarte. Tienes que pensar diferente al resto.

> **QUE NO TE AVERGÜENCE PENSAR DISTINTO, VERGÜENZA DEBEN SENTIR LOS QUE SIEMPRE PIENSAN IGUAL.**
>
> **—ALEX PIMENTEL**

De seguro has escuchado la siguiente frase: "Piensa fuera de la caja". Esta expresión es una traducción literal del inglés *think outside the box* y es una metáfora que significa pensar diferente, de manera no convencional o desde una nueva perspectiva. Se refiere al pensamiento novedoso y/o creativo. Y justo esto creo que es un aspecto bien importante. Ya hemos comentado acerca de lo difícil que es competir en estos tiempos. Cada día, la competencia es mejor y mayor, el mercado demanda más y adicionalmente surgen opciones alternativas para muchos productos, servicios, proyectos, etc. En las escuelas, empresas, asociaciones, concursos y demás cada vez los participantes están más preparados y poseen mayor capacidad y mejores herramientas.

En estos momentos, estoy teniendo una visión: me imagino una carrera. Hay una carretera llena de personas corriendo sobre ella. Está repleta, la gente apenas se puede mover, caminan muy lento, es imposible que corran debido a la aglomeración. Y, de pronto, veo que uno de los corredores, luego otro y otro más, pero no más de diez, salen de la carretera, y se van corriendo sobre caminos de tierra en dirección perpendicular a la de la carretera original. Así de simple. De la nada, de pronto se salieron y, con mucha energía, se van corriendo sobre la brecha, por el monte, hacia un rumbo desconocido. Algunos incluso gritan festejando su acto. Los veo y me hago preguntas:

- ★ ¿Quiénes son?
- ★ ¿Están huyendo?
- ★ ¿Tienen miedo?
- ★ ¿Están haciendo trampa?
- ★ ¿Tendrán información privilegiada?
- ★ ¿Por qué lo hacen?
- ★ ¿Qué los mueve a arriesgar el plan original que tenían?
- ★ ¿En qué son diferentes del resto?
- ★ ¿Están locos?
- ★ ¿Son rebeldes?
- ★ ¿Son temerarios o temerosos?
- ★ ¿Se están arriesgando o se están dando por vencidos?

- ★ ¿Están creando nuevas reglas o están rompiendo leyes?
- ★ ¿Se van a participar en otro juego o es el mismo, pero jugado de manera diferente?
- ★ ¿Lo tenían planeado o se les acaba de ocurrir?
- ★ ¿Es una estrategia o actúan con base en sus instintos?
- ★ ¿Qué los diferencia del resto que se quedó en la atestada carretera?

Podría seguir con más preguntas sobre estas personas que actuaron de una manera diferente al resto. Rompieron lo establecido y se aventuraron por caminos nuevos y diferentes. Fueron unos rebeldes e innovadores, pero no faltará quien los llame arrogantes o irrespetuosos. Para mí ese tipo de personas, definitivamente, tienen muchas cualidades, pero creo que lo que más los mueve es su valentía. Se requiere coraje para romper con lo establecido, para animarse a realizar algo que nadie o que pocos han hecho previamente. El hecho de que estés en este momento aquí conmigo, leyendo estas páginas; el hecho de que te hayas convertido en un miembro de este Club de los Fracasados ya me dice de ti que eres valiente, por lo que ya tienes una gran base para, sobre ella, construir tu proyecto.

 LA VALENTÍA NO ES LA AUSENCIA DE MIEDO, SINO LA FORTALEZA DE SEGUIR ADELANTE, A PESAR DEL MIEDO.

—PAULO COELLO

¿Quieres ser de los que piensan diferente? Aquí te expongo algunos consejos para desarrollar pensamientos creativos y poco convencionales.

SIMPLIFICA EL PROBLEMA. Si estás aturdido por la complejidad de las circunstancias o por el reto que enfrentas, tómate un tiempo para analizar la situación y trata de explicar el problema de una manera simple, con el menor número de palabras. Imagina que tienes que explicárselo a un niño de siete años. Muchas veces, este proceso de análisis para tratar de explicar el problema de una manera simple provoca que generes nuevas hipótesis, ideas, caminos y quizá hasta soluciones.

★

PREGÚNTALE A UN NIÑO QUÉ HARÍA ÉL. Hemos menospreciado el poder de la inocencia y la imaginación. Un niño tiene ambos poderes desarrollados al máximo. Plantéale tu situación y escucha con atención sus respuestas.

★

EJERCITA TU CEREBRO. Realiza ejercicios mentales que ayudarán a mejorar el rendimiento de tu cerebro al procesar información, lo cual es muy necesario cuando hay problemas y debes tomar decisiones trascendentales. Busca cualquier ejercicio de *gimnasia mental* con el que puedas entrenarte.

★

APRENDE ALGO NUEVO. Aprender algo nuevo te ayuda a ver las cosas desde una perspectiva diferente. El nuevo conocimiento ni siquiera tiene que estar relacionado con el área de tu proyecto; sin embargo, te será de mucha utilidad. Entrar a un campo desconocido, abre tu mente y la predispone a adquirir información novedosa; de pronto, lo que era rutinario se puede llegar a ver de una forma diferente.

⭐

SAL A CAMINAR. Un estudio de la Universidad de Stanford indicó que realizar caminatas, en especial al aire libre, puede acelerar tu creatividad hasta en un sesenta por ciento. Estos beneficios perduran incluso un tiempo después de terminar la caminata. ¿Te sientes atorado en el problema? Sal a caminar. Además de los beneficios básicos que ya conocemos de hacer ejercicio, ahora sabemos que puede fomentar nuestros procesos creativos.

⭐

TOMA UN DESCANSO. En ocasiones, lo mejor que podemos hacer es dejar de intentarlo y tomarnos un descanso. A veces estamos saturados y, quizá debido al cansancio, analizamos las cosas desde un solo ángulo. Entonces, lo que mejor funciona es alejarnos un poco del proyecto, hacer una pausa y regresar después con la mente y el cuerpo descansados.

⭐

Entonces, ¿qué vamos a hacer? ¿Cuál va a ser el pensamiento novedoso y crítico de nosotros, los miembros del Club de los Fracasados? Yo tengo una idea que en los últimos años he estado aplicando y me funciona muy bien. Creo que el valor agregado que debemos tener todos los miembros de este club es ser educados, en particular ser amables. ¿Queremos ser diferentes a los demás? Al ser amables, créeme, ya nos estaremos diferenciando de muchas personas: tristemente, así es. Hace unos años que capté esto y me propuse ser amable, lo más amable que pueda, durante la mayor cantidad de tiempo.

 HAZ EL BIEN. DA LO MEJOR DE TI. TRATA A OTROS COMO TE GUSTARÍA QUE TE TRATARAN A TI.

—LOU HOLTZ

¿Queremos recibir buena vibra? Entonces tenemos que mandarla y qué mejor manera de hacerlo que siendo amables siempre. Siempre. No solo cuando nos convenga, no solo cuando alguien conocido nos esté mirando, sino siempre. Además, la buena vibra te coloca en una frecuencia diferente, en donde todo fluye de una manera más ágil, en donde las cosas complicadas de pronto parecen mucho más sencillas y alcanzables. La amabilidad se contagia y se expande. Genera mejores relaciones y más duraderas.

En ambientes amables no hay prejuicios ni odios. La amabilidad no denota debilidad, al contrario, eleva tu nivel de competitividad, provoca mejores experiencias, eleva expectativas y favorece mejores resultados. Obtener el éxito siguiendo los caminos de la amabilidad genera un bienestar más alto para todos los involucrados.

La amabilidad en nuestras acciones debe buscar el balance social a favor del bienestar común. En ello reside el poder para transformar positivamente nuestras vidas, nuestros negocios y nuestras comunidades. Tú puedes ser un líder amable, generoso y considerado. Desarrolla tu carisma y liderazgo. La amabilidad siempre mejora la percepción del mensaje enviado. Ser amable debería ser un requisito indispensable en las reglas de etiquetas de los negocios y en las relaciones personales, lo que pasa es que lo hemos olvidado. Si eres amable, tendrás más oportunidades de establecer vínculos de confianza y de lograr relaciones de negocio y personales prósperas y saludables.

No quiero imaginar un mundo en donde la amabilidad se extinga, porque sin ella perdemos nuestra naturaleza. Sin amabilidad sería como andar en las tinieblas, siempre en guardia, siempre atacando. Que la amabilidad sea la luz que brindas y recibas en tu mundo.

🥊 Sé amable 🥊

Te invito, como miembro de este club, a que implementes la amabilidad en tu diario vivir. Que seas amable siempre, que mandes buena vibra, para que cuando te toque ganar seas un gran ganador y cuando te toque perder sepas hacerlo con dignidad.

@reginacarrot

CAPÍTULO 34

Esparcir el amor

Hace tiempo, estaba de viaje y, en una calle muy transitada, me encontré con un mendigo que estaba sentado en la acera. En sus manos tenía un cartel que decía: "En busca del amor de la humanidad". No estaba pidiendo dinero, solo quería mostrar el cartel. Tenía la mirada triste; es más, todo su rostro estaba lleno de tristeza. Sus manos eran arrugadas, su cabello estaba lleno de canas, despeinado, duro. Y, entre toda la multitud de personas que pasábamos frente a él, nuestras miradas se cruzaron. Por unos segundos nos miramos y se me estremeció el corazón. Sus ojos me gritaron, me reclamaron, sentí que yo estaba en deuda con él, y luego me sentí en deuda con todos mis amigos y familiares, es más, con todo el mundo; pero lo más rudo fue cuando se me prendió el foco y supe que con quien más mal había quedado era conmigo misma, porque he aprendido que si no estoy bien conmigo no puedo estar bien con los demás. He aprendido que todo empieza conmigo. Si quiero que alguien me ame, primero me tengo que amar a mí misma. Si quiero ver amor en el mundo, en este señor del cartel o en ti, pues lo primero que tengo que hacer es mandar amor, esparcir el amor.

Este señor me hizo reflexionar en varios sentidos. Me hizo valorar todo lo que tengo y que generalmente doy por sentado o ignoro porque, según yo, estoy muy ocupada trabajando por mis sueños y a menudo olvido la base principal: el amor. Y es raro, porque con frecuencia he experimentado el poder del amor en muchas de sus facetas, pero creo que olvidamos rápido. No sé si es nuestra naturaleza humana, pero pareciera que olvidamos las lecciones, los aprendizajes, los puntales sobre los que tenemos montada nuestra vida. A veces somos muy amables fuera de nuestra casa, con nuestros amigos, en el trabajo, pero en nuestro hogar, con quienes son parte fundamental de nuestros cimientos emocionales, no somos tan amables. Es más, a veces hasta nos comportamos con una actitud grosera e insolente y aplicamos el famoso dicho: "Candil de la calle y oscuridad de su casa". En ocasiones, ni siquiera nos sentimos mal con este comportamiento. El pordiosero me hizo reflexionar sobre esto, sobre todas las oportunidades en las que he quedado mal con mi familia, esas veces en las que esperaban alguna reacción educada, amable y amorosa y yo no reaccioné así; es más, quizá no estuve ahí cuando me necesitaban.

Este mendigo me hizo pensar en todo lo que le tuvo que pasar en su vida para que ya nada le importara y terminara con ese aspecto, sentado en la acera mostrando ese cartel. ¿Qué le pasó a su familia? ¿Qué le habrían hecho sus padres? ¿Alguna vez tuvo amigos? ¿Qué tiene que sucederte para llevarte hasta ese extremo? ¿Cómo te tiene que golpear la vida para que termines de esa forma: apestoso, sucio y descalzo, mostrando un cartel a la orilla de la calle? También me hizo pensar en si simplemente se dio por vencido (eso nosotros aquí en el club no lo hacemos), y reflexionar en que si dejas de luchar la vida en realidad es ruda y te puede hundir y arrastrar a lugares insospechados.

Me iba a acercar para preguntarle cómo era su vida antes, pero me dio miedo y pensé que mi pregunta lo podía incomodar. Ahora, en lo que le doy la razón, a lo que sí me uno es a esa búsqueda del amor. En verdad te pregunto: ¿dónde hemos dejado el amor? A veces siento que lo hemos olvidado, que lo importante es ganar sobre todas las cosas, a cualquier precio, a cualquier costo, por cualquier medio y eso me abruma, me desespera y me enoja. Yo ya entendí que no siempre voy a ganar, pero cuando gano lo hago y lo seguiré haciendo por el camino correcto. A veces siento que en el trabajo o en los negocios está prohibido hablar de amor, casi tan prohibido como hablar de religión. Pareciera que no nos conviene que el amor nos rija. Pareciera que alguien va a salir perdiendo si hacemos nuestros esfuerzos y proyectos con la bandera del amor por delante. Debemos ver al rival como una persona igual a nosotros, a la que hay que respetar e intentar vencer de una forma honesta y justa.

¿Por qué ese empeño de la humanidad en dejar el amor en el olvido? ¿Por qué no ocupa una noticia de ocho columnas en los periódicos? ¿Por qué hablar de él en muchas ocasiones nos apena? Por momentos, le doy la razón a ese pordiosero. Tengo muchísimos ejemplos en los cuales yo me puedo hacer la misma pregunta que él: ¿dónde está el amor? ¿Dónde está? El amor no es algo para el fin de semana ni es solo para los nuestros, el amor es para todos. No discrimines al amor. Es algo muy poderoso como para pretender limitarlo. ¡Repártelo! Espárcelo a todas las personas con quienes convivas a diario: desde el lavacoches hasta el director más importante, desde tu abuelo hasta la persona que ayuda en tu hogar. Dáselo a todos. A quien sea.

Estamos aquí en el club entrenando, preparándonos para ser unos grandes luchadores. Hemos tomado lecciones importantes que han multiplicado nuestros conocimientos para enfrentar al destino y todas las pruebas que se nos presentarán. Hemos desarrollado habilidades especiales que nos diferencian de quien no es constante en su lucha. Hemos aprendido que el conocimiento se encuentra en lugares insospechados y que en el *ring* sucede todo lo que mereces de acuerdo con la preparación que tuviste. También estamos desarrollando características especiales de nuestro comportamiento, ya que deseamos ser personas educadas que muestren amabilidad en su trato, pues creemos que ese es un buen diferenciador. Y para ponerle la cereza a este entrenamiento, ahora incorporamos nuestro compromiso de esparcir amor.

De este momento en adelante, aquí en el club, el amor nos regirá.

Si estamos enojados, nos callaremos. En silencio, haremos un análisis de lo que nos molesta y trataremos de resolverlo de la manera más pacífica posible.

Estas son características que los miembros del club debemos tener. Es importante esforzarnos continuamente para implementarlas lo mejor posible:

★ No guardamos rencor.
★ Deseamos el bien a todos.
★ Ayudamos lo más posible a quien sea, a todos.

★ Somos honestos.

★ No somos corruptos.

★ Nos alejamos de los chismes y la intriga, preferimos la verdad y los mensajes claros.

★ Si mi palabra va a herir, mejor me callo. Recuerda que eres dueño de tus silencios y esclavo de tus palabras.

★ Tenemos paciencia ante el desempeño y las reacciones de los demás.

★ Somos prudentes, entendemos que no todo sucede como lo planeamos o deseamos.

★ No juzgamos.

★ Buscamos el bien común.

★ Creemos en el poder de la amistad.

★ Escuchamos más de lo que hablamos.

★ Somos caritativos.

★ Preferimos el orden al caos.

★ Somos educados y respetuosos.

★ La amabilidad es uno de nuestros sellos característicos.

★ Pensamos en el prójimo.

★ Analizamos las consecuencias de los actos, tanto en nosotros como en el prójimo y en la sociedad.

★ Creemos en la buena vibra.

★ Hacemos el bien sin mirar a quién.

★ Preferimos un ambiente de paz a uno lleno de violencia.

Sé que es fácil dejarse llevar "por la corriente", por lo que todos hacen. Sé que muchos fingen ser honestos, pero luego, en la privacidad de su hogar u oficina, son corruptos. Sé que muchos proclaman amor, pero buscan solo el beneficio propio. Sé que muchos buscan tesoros en lugar de buscar la paz. Sé que otros se entrenan para golpear por la espalda, pero yo prefiero abrazar. Sé que muchos prefieren el engaño, pero a mí me gusta decir la verdad de frente.

Detesto el dicho que plantea: "El que no tranza no avanza". Me molesta muchísimo y espero que a ti también. Quien lo repita y esté de acuerdo con él es como si se diera por derrotado, y no solo eso, sino que también reconociera que está en el lado oscuro, en el lado equivocado, y que ese es el único lugar desde el que se puede ganar. ¡Claro que no! Yo creo en la verdad. Yo creo en el poder de un gran plan, un excelente entrenamiento y un desempeño abrumador, aderezado con el poder del amor. Eso es lo que yo creo.

No estoy diciendo que salgamos a la calle con carteles que digan: "Solo el amor ante todo" o "amor, no guerra". No, lo que digo es que, tristemente, en estos tiempos, el amor parece ser el diferenciador; entonces, a mí me gusta estar del lado del amor. A mí me gusta ganar bien. Me gusta sentir la fuerza del amor que me brindan mis familiares y amigos. Quien diga que el amor no aplica en los negocios o proyectos, que me disculpe, pero está totalmente equivocado. Quien diga que el amor es solo para la familia, está equivocado. Quien diga que el amor se da solo a quien lo merece, está mal. El amor se reparte a quien sea, a todos, siempre. Ese es nuestro lema, eso es lo que creemos en este Club de los Fracasados. Porque sin amor nada merece la pena.

Pero ¿sabes qué? También sé que hay muchísimas personas que piensan como nosotros. Sé que no todo está mal, no todo es caos, preocupaciones y malas noticias. Sé que hay millones de personas cuyas vidas giran en torno al amor. Sé que hay miles de organizaciones cuyo único objetivo es ayudar al prójimo y esto me llena de esperanza. Me ilusiona para seguir enfrentando mis pequeñas batallas con todas mis fuerzas y con amor porque yo quiero ser diferente no solo por el color de mi cabello. Que me digan loca por repartir el amor. Yo no quiero ser como todos, quiero ser como yo. Quiero ganar por las buenas. Creo que la buena vibra se multiplica de manera sobrenatural y sé que cuando hago algo por amor, en algún momento, regresa a mí el doble de beneficios. Yo sé que un acto de amor es mágico y deja huellas que duran toda la vida. Quiero dejar huellas así y te invito a que tú también, como miembro de este club, lo hagas.

Sé que sería más fácil ser como los otros, que sería una batalla más justa, pero yo te invito a que te mantengas en la línea del amor, la amabilidad y la buena vibra. Que este sea el sello que nos diferencie a nosotros, los miembros de este Club de los Fracasados. Que nos llamen locos por amar. Que nos llamen locos por ser amables, por sonreír. Que nuestros abrazos dejen huella. Que nuestros actos roben el aliento. Que realicemos acciones memorables. Que no olvidemos que todos somos iguales, de la misma especie, hermanos. Que nos reconozcan por nuestro brillo. Que nos digan inocentes por callarnos, por no regatear nuestra ayuda. Que crean que somos débiles por creer en el amor cuando, en realidad, no podrían estar más equivocados.

Prepárate. Esfuérzate

Ya sabes que en los sueños siempre habrá momentos difíciles. Ya conoces que te golpearán y que caerás a la lona; pero también, que en esos momentos difíciles es cuando el amor es más poderoso. No tengas miedo a experimentar su fuerza, deja que se meta a tus venas, que te queme. Recibe la buena vibra y el amor que alguien te está mandando, siéntelos, úsalos para levantarte, para volver a creer, para volverlo a intentar. Y así, inicia cada ciclo, cada intento, con la bandera de tu sueño en una mano y en la otra, la bandera del amor.

@reginacarrot

Si te
AMAS
A TI
mismo
ENCONTRARÁS
al AMOR
de tu
VIDA

QUINTA PARTE

Y el ganador es...

CAPÍTULO 35

¡Knockaut!

> 🥊 **NO IMPORTA LO FUERTE QUE GOLPEAS, SINO LO FUERTE QUE ERES CUANDO TE GOLPEAN.**
>
> **ROCKY BALBOA**

Recuerda que una de las formas de obtener un triunfo rotundo es ese famoso golpe que deja fuera de combate a tu adversario: el **knockout**. Un golpe que, por definición, te tumba hasta el piso sin que te puedas levantar, y si no te paras en diez segundos la otra persona termina ganando el campeonato.

Soy una persona que nunca se da por vencida: me la paso trabajando y en constante preparación para seguir creciendo. Quisiera dar conferencias en todo el mundo para crear un impacto positivo y tener un mundo mejor. A pesar de que constantemente la gente me pregunte: "Oye, ¿y vives de eso?", "y ¿qué tal te va con eso de hacer videítos?", no dejo que ese tipo de comentarios me afecten.

Lo más difícil que te pasará en la vida será seguir de pie, aun cuando seas tu propio fan. No es necesario tener a miles de personas detrás de ti aplaudiéndote, tan solo necesitas una, y esa eres tú. Recuerda que lo único que te puede noquear es tu ego, así que nunca permitas que crezca más que tú.

Prepárate para lo complejo

La situación siempre se pondrá más difícil. Aun y cuando te sientas preparado, entrena y estudia siempre. Nunca está de más haber practicado de sobra o estar sobrepreparado. A continuación, piensa en cada uno de los detalles que caracterizan a ese boxeador que vas a dejar atrás, esas características que NO quieres tener en tu vida. Una vez que hayas meditado al respecto, visualiza al otro boxeador y las cualidades que posee, que SÍ quieres en tu vida.

@reginacarrot

EL BOXEADOR QUE SÍ QUIERES EN TU VIDA
Positivo ★ Asertivo

EL BOXEADOR QUE NO QUIERES EN TU VIDA
Flojo ★ Criticón

CAPÍTULO 36

Aprendizajes

Te quiero felicitar porque el haber llegado a este capítulo significa que deseas crecer, aprender y prepararte para lograr sobrevivir uno de los golpes más fuertes de la vida, el famoso **knockout**.

Cuando estás trabajando duro y ejercitándote al máximo, es normal que uno comience a sudar. Lo mismo sucede cuando quieres lograr algo. A pesar de que el talento, el esfuerzo y la perseverancia son ingredientes necesarios para lograr el éxito, el más importante siempre será la disciplina. Esa es la que lo define todo; ya sea que puedas bajar de peso o hasta cumplir tus sueños. Estoy convencida de que no ha sido fácil, pero sé que a lo largo de este viaje ha habido grandes lecciones de vida que se quedarán contigo siempre. Por eso quiero resumirte los mensajes más importantes que te tienes que llevar de esta gran experiencia de ser parte del Club de los Fracasados:

ESCUCHA A TU CORAZÓN. De alguna manera, ya sabes quién quieres ser realmente. Si de pronto la vida te pone en una circunstancia en la que te hace dudar sobre el camino que debes tomar, tranquilo, escucha a esa corazonada que llevas dentro y trata de pensar qué es lo que quieres. No todas las decisiones deben ser racionales. La última palabra siempre tiene que estar basada en tu intuición.

★

IDENTIFICA QUÉ ÁREAS DE TU VIDA NECESITAN DISCIPLINA. Para ser exitoso, se necesita de una disciplina y de un plan con el fin de cumplir los objetivos. Siempre tienes que lograr que exista un balance para que no estés completamente dedicado al trabajo o en el relajo social. Desglosa por pasos las actividades que debes realizar para mantener la disciplina que tu objetivo requiere. Por ejemplo, si estás a dieta y quieres bajar once libras (cinco kilos) en un mes, no debes ingerir comida chatarra o bebidas gaseosas. Suple eso con frutas o agua de sabor sin azúcar.

★

CUALQUIER SUEÑO SIN OBJETIVOS NI METAS SE QUEDA SIENDO APENAS UN SUEÑO. Crea un plan de acción en el que puedas poner tiempos y fechas de vencimiento. Esto hará que establezcas una fecha límite para tus objetivos y que no se queden en el aire.

★

CONVIERTE TUS OBJETIVOS EN HÁBITOS. Para lograrlo, es necesario repetir por veintiún días consecutivos un mismo objetivo, así tu cuerpo y mente se acostumbrarán hasta que se convierta en un hábito. Si logras completar este reto, ya no lo verás como algo que te pese o te desgaste: será parte de ti y de tu rutina.

★

SÚBELE EL VOLUMEN A LA VOZ POSITIVA DE TU INTERIOR Y BAJA EL VOLUMEN DE LA NEGATIVA. Recuerda que esa voz negativa tan solo es un pensamiento que está tratando de llevarte a tu zona de confort, y en esa área no crece nada. Así que mejor escucha los pensamientos positivos para atraer más bendiciones a tu vida.

★

CONTROLA LA GRATIFICACIÓN INSTANTÁNEA PORQUE ES EL MAYOR ENEMIGO DE LA DISCIPLINA. Toda gratificación inmediata te aleja de tus metas y te hace creer que estás haciendo las cosas bien. Mejor haz todo sin pensarlo o como si fuera una obligación, eso te ayudará a sacar adelante tus objetivos.

★

Aquí te dejo algunos consejos prácticos:

- ★ Aprovecha los domingos y prepárate para el resto de la semana.
- ★ No hagas demasiadas cosas al mismo tiempo.
- ★ Dona tiempo o dinero a alguna causa de beneficencia.
- ★ No dejes de tener pasatiempos: te ayudarán a desarrollar la creatividad.
- ★ No aflojes el paso.
- ★ Levántate temprano.
- ★ Ten presente la importancia de las relaciones emocionales.
- ★ Realiza alguna actividad física.
- ★ Despierta al gigante que llevas dentro.
- ★ Recuerda que atraes lo que piensas.
- ★ Establece objetivos a corto, mediano y largo plazo, y dales seguimiento detallado.

Y, por último, la pregunta del millón... ¿Se pueden cumplir los sueños sin tener que sacrificarlo todo? Esa es una duda que la mayoría de las personas tienen porque no están dispuestas a sacrificar nada.

Yo sé que tú tienes talentos y tienes las ganas; sin embargo, es necesario que estés dispuesto a dar el doscientos por ciento de tu esfuerzo todos los días porque siempre habrá alguien que tenga el mismo sueño que tú, pero con más ganas y disposición de lograrlo. Lo he comentado a lo largo de este libro y lo repito: si quieres triunfar en la vida o conseguir alguno de tus sueños, debes tener el *hambre* suficiente para quererlo tanto que no te importe ninguna cosa o persona que se interpongan en tu camino.

La pregunta del millón

Quiero que te hagas una pregunta y que la contestes de manera muy sincera: ¿cómo esperas obtener resultados diferentes haciendo lo mismo una y otra vez? Piensa bien lo que me vas a decir porque muchos quieren ser exitosos y que mágicamente les llegue un correo ofreciéndoles el trabajo de su vida, pero las cosas no funcionan así.

Así que, la próxima vez que te hagas esta pregunta quiero que pienses: ¿estás dispuesto a dejarlo todo en el *ring* para lograrlo?

@reginacarrot

¿Aún te quieres salir?

Después de haber leído todo este libro, llegamos a la pregunta final: ¿aún quieres salir del Club de los Fracasados?

Te recuerdo que este es un club que te ha convertido en la mejor versión de ti. En esa versión que tanto anhelabas y que veías tan lejana. Sin darte cuenta, te has convertido en un boxeador de hierro, en un boxeador de la vida que no le tiene miedo a los obstáculos, que defiende sus propios sueños, que crece sin tener que aplastar a nadie y que ha perdido el miedo a la incertidumbre. Te has transformado en una persona fuerte, con músculos de valores y sudor de energía.

Tan solo mira a alguno de los que han integrado el Club de los Fracasados que han logrado ser algunas de las personas más respetadas en el mundo.

Como te puedes dar cuenta, no tiene nada de malo pertenecer a este club; al contrario, te ha ayudado a superar tus duelos y a creer en ti hasta en tus peores momentos. Pudiéramos llamarlo "la mejor escuela para crear boxeadores grandes"; esos boxeadores de la vida que no se la pasan esquivando oportunidades, sino afrontando los problemas mirando a los ojos, siempre de frente y hacia arriba porque ese es el lugar donde viven nuestros sueños.

Por eso quisiera hacerte formalmente esta propuesta: ¿quieres volver a firmar esta promesa? Te invito a seguir siendo parte del **Club de los Fracasados**.

¿Estás listo? Aquí lo tienes. Tómalo.

Regina Martínez (Monterrey, México). Apodada "Carrot" por su cabello rojo, fue protagonista de la serie de televisión *Glam Girls* de Telehit, y lanzó el disco *Dos solamente dos*, con música y letra compuestas por ella misma. Graduada de mercadotecnia internacional de la UDEM, obtuvo una maestría en Administración de Empresas antes de los 25 años. Trabajó en Pepsico Alimentos México, donde lideró proyectos de marcas como Emperador, Cremax y Surtido Rico, durante cuatro años.

Conocer lo mejor de dos mundos —entretenimiento y corporativo—, la llevó a combinar su profesión y pasión comenzando a grabar videos motivacionales. Actualmente es una exitosa conferencista e *influencer* con millones de seguidores en sus plataformas digitales.

@reginacarrot